孤独になることば、人と生きることば

Words of Loneliness

Words of Togetherness

G.A.D.H.A 代表

中川 瑛

扶桑社

初めに

こんにちは、僕は「変わりたい」「もう大切な人を傷つけたくない」と願うモラハラ・DV加害者の当事者団体GADHA（Gathering Against Doing Harm Again）の代表をしている中川瑛と言います。

GADHAには、男女を問わず、下は10代、上は70代以上の、たくさんの人が参加しています。パートナーや職場、友人関係において「もうあなたとは一緒にいられない」と言われたり、逆に自分から衝動的に関係を断ち切ってしまったり、そんな自分を変えたいといった理由で参加されます。

- 自分なりに一生懸命関わっているつもりだったのに、相手から離れられてしまう
- 重たい話し合いからはいつも逃げてしまっているうちに、愛想を尽かされた
- よくしていたつもりだったのに陰で悪口を言われていて、嫌われていたと知った
- 教育熱心のつもりだったのに、気づけば子どもに憎まれて連絡を断たれた
- パートナーが家を出て行ってしまって、離婚を望まれている
- 約束したことを何度も守れず、信用を失ってしまった
- 友達と何かトラブルがあった時に仲直りができずに関係が終わってしまう

● 職場で自分の相談なく部下が辞め、精神的な問題を抱え、責任を問われている
● 我慢を重ねていきなり爆発して怒鳴ったり物を投げてしまうのをやめられない
● 長い人付き合いがほとんどなく、だいたい自分からいきなり関係を切ってしまう

これらの悩みや苦しみの本質は「孤独」への恐れです。

人が離れていってしまう、あるいは人から離れてしまう。長期的に、無理がなく、一緒にいてくつろげる幸福な関係を人生において持つことができない。自分の弱さや喜びを安心して分かち合え、またその人の醜さや嬉しさを分かち合ってほしいと思える人間関係を持てない。それが孤独です。

恋愛関係や家族関係、職場や友人関係、地域の人付き合いなどを含めて、さまざまな孤独への恐れに苦しむ人は、モラハラやDVといったラベルとは関係なく、本当にたくさんいらっしゃいます。

僕はGADHAでの活動を通して「この私と、このあなたが、一緒に生きていける世界を一緒に作っていくこと」が人間の幸福だと思うに至りました。どんなに何らかの能力が高くても、どんなに社会的に成功していても、「人と生きる言語化」を知ら

ない人は孤独になってしまいます。

僕はこのことを考える時、いつもスピッツの有名な曲「ロビンソン」を思い出します。その歌詞には、以下のフレーズがあります。

同じセリフ 同じ時 思わず口にするような
ありふれたこの魔法で つくりあげたよ
誰も触われない 二人だけの国 君の手を離さぬように
(JASRAC 出 2301603-301)

ここで3つの大事なポイントがあります。1つは「セリフ」「口にする」といった表現から、言葉に焦点が当たっていること。

2つめは「誰も触われない」「二人だけの国」から、不特定多数のためではなく「この2人(ごく少数)」にとっての場所であること。

3つめは「つくりあげたよ」という表現からみえるように、それは既存の借り物ではなく一緒に作る必要があるということです。

他の誰でもない「この私とこのあなた」の言葉を紡ぐことで
他の誰でもない「この私とこのあなた」が生きられる世界を
他の誰でもない「この私とこのあなた」で一緒に作っていく

それこそが誰かと一緒に生きていく力、幸せに生きる力＝人と生きるための言語化だと思うのです。この能力がないと「自分しか生きられない世界」を作ってしまい、孤独になってしまうのです。

本書では「言語化」をひとつの切り口として、これらの現象の理解と解決を提案します。

右記のような現象に関連する様々なラベル、スティグマがあると思います。モラハラ、発達障害、パーソナリティ（人格）障害、愛着障害、アダルトチャイルド、依存症などなど……インターネットやＳＮＳで見聞きしたことがあるかもしれません。

これらのラベルの中には「変われない」「治らない」「生まれつき」「仕方ない」というメッセージを含んでいるものがあり、それについてだけは最初に言及します。

「XXだから自分は生きる価値がない」とか「XXだから人に愛されない人間なのだ」「XXだから人と生きていけないんだ」と、これらの用語に触れて絶望する人はたくさんいます。しかし、人は学び変わることができると僕は信じています。そして、実際にGADHAのメンバーでも以下のような変化を実感している人がたくさんいます。

- 不機嫌で物を投げたりしたりしなくなって幸せな結婚ができる
- 辛いときに辛いと認められてセルフケアができるようになる
- 短期の関係ばかり繰り返していた人が長い関係を作れるようになる
- セックスやアルコール依存症、無茶食いや激しい気分の浮き沈みがなくなる
- 離婚後のほうが家族仲がよくなり、週末はお互いの家に泊まりにいける関係になる
- 子どもとの関係が劇的に改善され、普通に話せる関係になる
- 児童相談所や警察を呼ばれるレベルから、トラブルなく生きる関係になる
- 職場でのハラスメントを伴わないマネジメントが可能になる
- 親との関係を手放して自分やパートナーを大切にできる
- 友達と「仲直り」をすることが初めてできたという人がいる

このように、人は学び変わることができるのです。「人と一緒に生きていける人」になれるのです。このことを、いま孤独への恐れに苦しんでいる人には声を大にして伝えたいと思います。

人と生きていきたいのに、孤独になってしまう。
人はいずれみんな自分を捨ててしまう。
自分は誰にも愛されない。

そんな孤独への不安に苦しんでいる方。そんなあなたに本書を読んでいただけたら、本当に嬉しいです。

目次

第1章 人と生きるための言語化と、孤独になる言語化

第2章　孤独になる言語化の具体例

第3章 生き延びるために孤独を選んだ人たち

第4章 どうすれば人と生きるための言葉を作れるのか

第1章

人と生きるための言語化と、孤独になる言語化

	人と生きる言語化	孤独になる言語化
わたしの言葉	現実の言語化	妄想の言語化
あなたの言葉	尊重の言語化	軽蔑の言語化
私たちの言葉	共生の言語化	支配の言語化

冒頭の図で、「人と生きるための言語化」を表現してみました。

- **「他の誰でもない「この私」と「このあなた」の言葉を紡ぐことで**
- **「他の誰でもない「この私」と「このあなた」が生きられる世界を**
- **「他の誰でもない「この私」と「このあなた」で一緒に作っていく**

これがうまくできるようになると、安心してくつろいだ関係を作ることができます。逆に、これがうまくできないと人は孤独へと向かっていきます。そのため、この第1章では、まず言語化に関する用語を明確にしていきます。

本書では、「人と生きるための言語化」を「現実の言語化」「尊重の言語化」「共生の言語化」の3つに分割しています。それぞれ、「妄想の言語化」「軽蔑の言語化」「支配の言語化」が「孤独になる言語化」として対になっています。

現実の言語化⇅妄想の言語化

最初の一つが「現実の言語化」です。これは、自分の感情や思考・言動や、起きている出来事を理解し、現実を認識する言語化です。早速具体例を出してみます。

ある日、僕と妻が一緒に楽器の練習をしに歩いているとき、僕が特に何の断りもなく道を渡ったあとに、妻がついてこないときがありました。別にバラバラに歩いても目的地にはつけるわけですが、このとき僕は猛烈な怒りに襲われました。

「一緒に歩いていけばいいのになんでバラバラに歩くんだ！　最終的には道を渡るんだから、どっちかが渡ったらついてくるのが普通だ！　おかしいやつだ！」「自分を馬鹿にしているんだ」と。

そして強烈な不機嫌を撒き散らかして、妻が向かった先に僕は向かいませんでした。無視され、軽んじられたように思い、一緒に楽器の練習をしないことを通して、その感情を表現しようとしました。謝ってほしい、間違っていることを認めてほしいと怒りでいっぱいになっていました。

しかし、今振り返ってみると、なぜ自分はこの時に「相手は間違っている、おかしい」という言葉で表現していたんだろう、と思います。相手が間違っていると思っている背景には、自分が正しいという思いがあります。自分が正しいと思っているのは、一方が道を渡れば当然もう一方も渡るべきだと思っているからです。相手はそうしなかったから間違っている、そう思って「怒り」という言葉を使いました。

でも実際にはどうだったでしょうか。「当然渡るべきだ」から「渡らないのはおかしい」と思って「怒っていた」のでしょうか。僕は「一緒に歩いていきたかった」のに「そうしてもらえなかった」ので「悲しい、傷ついた」と感じていたのではないか、そう思うのです。

自分の感じ方や感情、思考やそれに基づく言動、世界をどう捉えるかといったことは、現実の言語化そのものです。どんな言葉を使うかによって、現実そのものが変わるのです。

そこで「現実の言語化」と「妄想の言語化」とは何が境目になるのでしょうか。ここで妄想とは、現実に即していないという意味です。例えば先ほどの事例において「道を渡ったのについてこないなんて、自分を馬鹿にしているんだ」と思い込んでい

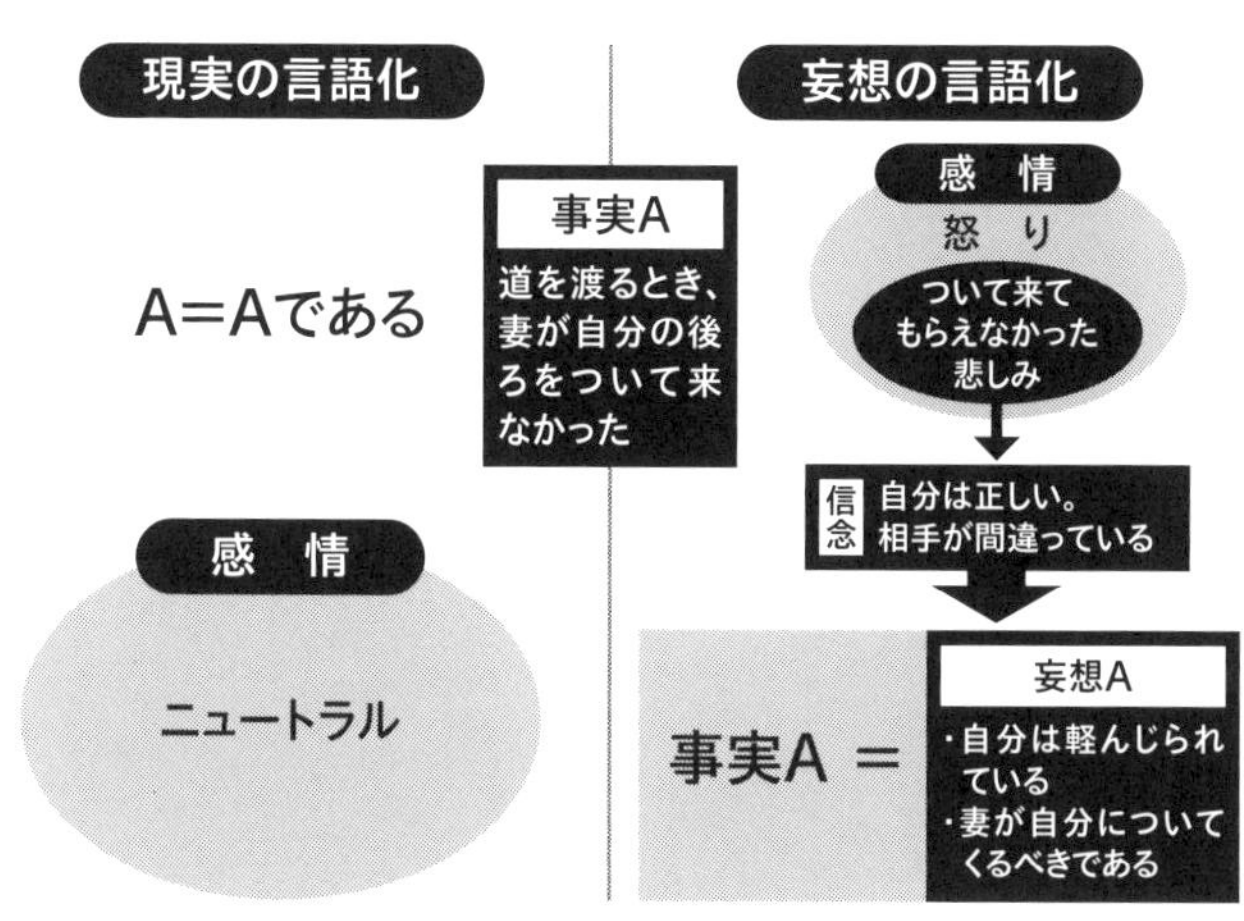

ますが、実際にはどうだったでしょうか。

後から確認したところ、パートナーは「なんで急に道を渡ったんだろ？　まあ後で合流するからいいか」と思っていただけでした。特に馬鹿にもしていないし、間違っているとも思っていません。現実の言語化をするならば「自分は特に断りもなく道を渡り、パートナーはついてこなかった」ということです。そして結果として一緒に歩きたかった自分は悲しんでいたのです。

この悲しみを感じることができずに、相手はおかしい、自分はそれに怒っているというとき、妄想をコミュニケーションのスタート地点にしてしまっています。

孤独になる言語化をする人には「傷つき

やすい人」が非常に多いです。当たり屋のごとく傷つきに行っているようにさえ見えます。起きた現象に対して妄想を膨らませ、自分は攻撃され、軽んじられていると感じることによって怒りが湧き、攻撃ではなく「反撃」をしているうちに、孤独になっていきます。

実際に自分を攻撃して傷つけてやろうとしてくる人も世の中にはいるかもしれません。そういう人とは適切に距離を取ること、時には関係を終わらせることも重要です。一緒に世界を作っていける人と生きることが大事なのであって、自分をわざと傷つけてくる人と一緒にいる必要はありません。

尊重の言語化⇅軽蔑の言語化

「現実の言語化」は自分がどのように世界を理解するかを示す「私の言葉」を作るためのものですが、その世界には常に他者がいます。相手には相手の現実があります。ということは、言語化には必ず「相手が何を感じ考えているのか、世界をどんなふうに捉えているのか」すなわち「相手の言葉」を知ろうとするプロセスが含まれます。

これを尊重の言語化と呼びます。

例えば先ほどの事例においてこんなふうに聞くことができるかもしれません。「どうしてついてきてくれなかったの？　どっちかが渡ったらもう一方もついてくるものだと思ってたから驚いちゃった」と。相手がどんなことを感じ考えているのかを知ろうとする姿勢が見えます。

さらに大事なことに、ここでは「自分がどういう考え方をしているから、どう感じたか」までわかっています。これこそが現実の言語化の重要な意義です。人は往々にして「自分が今なぜ怒っているのか」とか「自分がなぜこんな言い方をしているのか」に無自覚で「相手が怒らせたから」とか「そういうものだと思ってるから」とか「これが常識だ」と思ったりしていますが、それは妄想です。実際には、自分が選び取っています。

自分が選び取っていることに無自覚な人は、それを「当然」のことだと考え、それ以上深掘りしません。しかし同じ状況で違う言動をする人もいる以上、それは当然のことではなく、選択次第だと気づけます。

そうすれば、相手の言動にもなんらかの相手が持つ考え方や感じ方が反映されていると想像できます。だからこそ、攻撃的じゃない形で、相手のそれを知ろうとして尊重の言語化ができるのです。相手を理解しようとすることで、妄想の言語化を手放すことができます。

しかし孤独に向かう人は、こういうときに軽蔑の言語化を用います。それは例えば「どうせ同じ場所に向かうのになんでついてこないの？　普通そうするでしょ」とか「どうせちょっとムカついたからついてこなかったんだろ？　子どもじゃないんだから渡ってきたらいいのに」「馬鹿にしてるんだろ」といった言い方です。

こういう人には、質問形式で聞いていたとしても、相手が何か反論してくるならば論破してやるぞという攻撃的な姿勢が隠れています。結論はもう決まっていて、要するに「俺が渡ったらついてこい」なのです。

尊重の言語化と軽蔑の言語化の違いはここにあります。自分と相手は違う人間なので、感じ考えることが異なり、大切にすることも違い、よって言動することも違います。だからこそ、そんな相手と一緒に生きていくためには、それらを知ろうとすることが重要です。それなしには一緒に使うことのできる「私たちの言葉」を導き出すことができないからです。

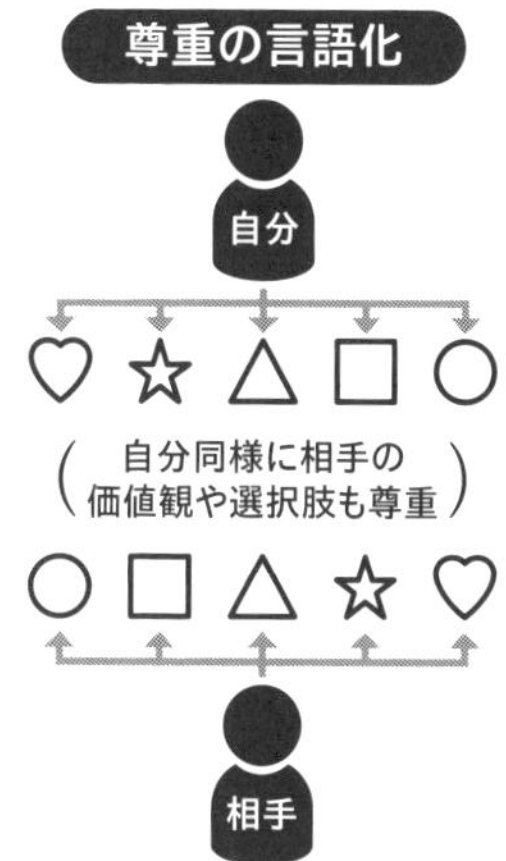

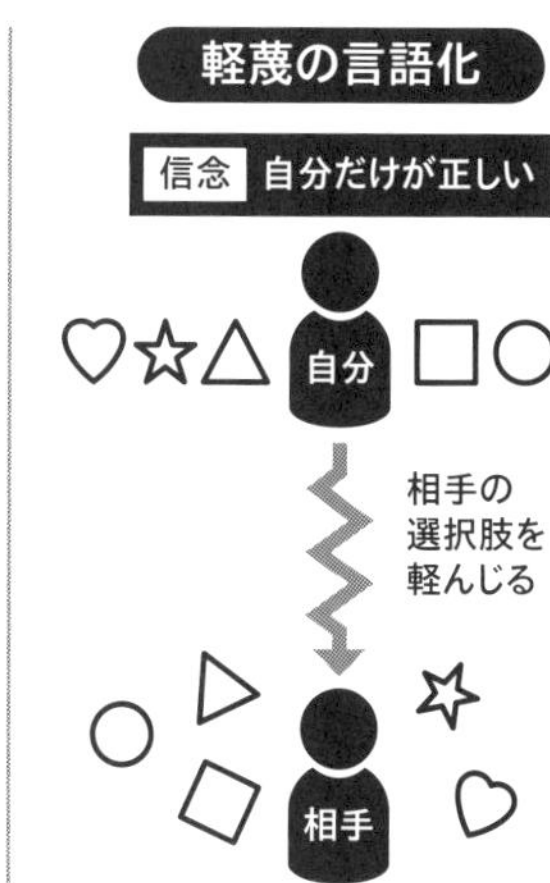

つまり、尊重の言語化は「現実の言語化」を促し、続く「共生の言語化」へと開かれているのに対して、軽蔑の言語化は「妄想の言語化」を暴走させ、「支配の言語化」へと向かっていくのです。

共生の言語化⇅支配の言語化

「支配の言語化」とは、読んで字の如く、相手を自分の思い通りに支配しようとするために使う言語化です。「俺が渡ったらついてこいよ、そんなの当然だろ」というのは、自分は変わらずに相手にだけ言動の変化を要求しています。

また「非常識」「普通」という言語化を通じて、相手の感じ方や考えはおかしいと評価し、それを変えようともしています。これは自分と違う人間を自分の思うままに支配しようとする、典型的な孤独になる言語化です。

どうして相手が道を渡らなかったのかもまともに聞かず、自分勝手に自分の要求だけを押し通そうとしてくる人と、一緒に生きていきたい人などいません。こういうことを何度もされた人は、いずれその関係に嫌気がさして離れていってしまうでしょう。

これに対して、「共生の言語化」はどうでしょうか。まず自分がいきなり道を渡った結果、相手はついてこなかったため、自分としては寂しい、悲しい気持ちになっていることを自覚しています。そのため、尊重の言語化をすることで、相手は特に何か害意を持っていたわけでもないと知ります。

そうすれば出てくる言葉は「一緒に歩きたいと思っていたのに勝手に渡って、勝手についていってくると期待して傷ついちゃってた、ごめん。今度から道を渡るときはちゃんと確認するようにするね」といった表現になるかもしれません。

ここでは「私たちの言葉」が作らてれいます。道を渡るという概念について、どちらか一方だけが我慢したり無理するのではなく、この私が大切にしていることと、このあなたが見ている世界とを、同じように大切にする「私たちの言葉」を作ることこそが共生の言語化なのです。

「家族や親しい関係において、こういうことをいちいち意識しないといけないのは窮屈だ」とか「思ったことを素直に言っただけで、何が悪いんだ」と言う人がいますが、そういった人たちは基本的に孤独に向かうと思います。

なぜならば「窮屈だ」とか「何が悪いんだ」と言うときは、誰かに「そういう言葉遣いは嫌だ」とか「そういう言い方をしないでほしい」とか「傷つくからその言い方はやめて」と伝えられたときだからです。

相手は傷ついているのに、自分が使いたい言葉を使うのは、究極的にはもちろんその人の自由です。しかし、それに耐えられなくなって相手が関係を終了することも自由であることを認識しておく必要があります。

そのようなことをする人と、一緒に生きていきたい人はいません。一緒に生きていきたいと思っていた人でも、その場所にいることが辛くなり、その関係から出ていくことになるでしょう。

支配の言語化
常識
常識
常識
常識
共生の言語化
自分の常識
相手の常識
○△

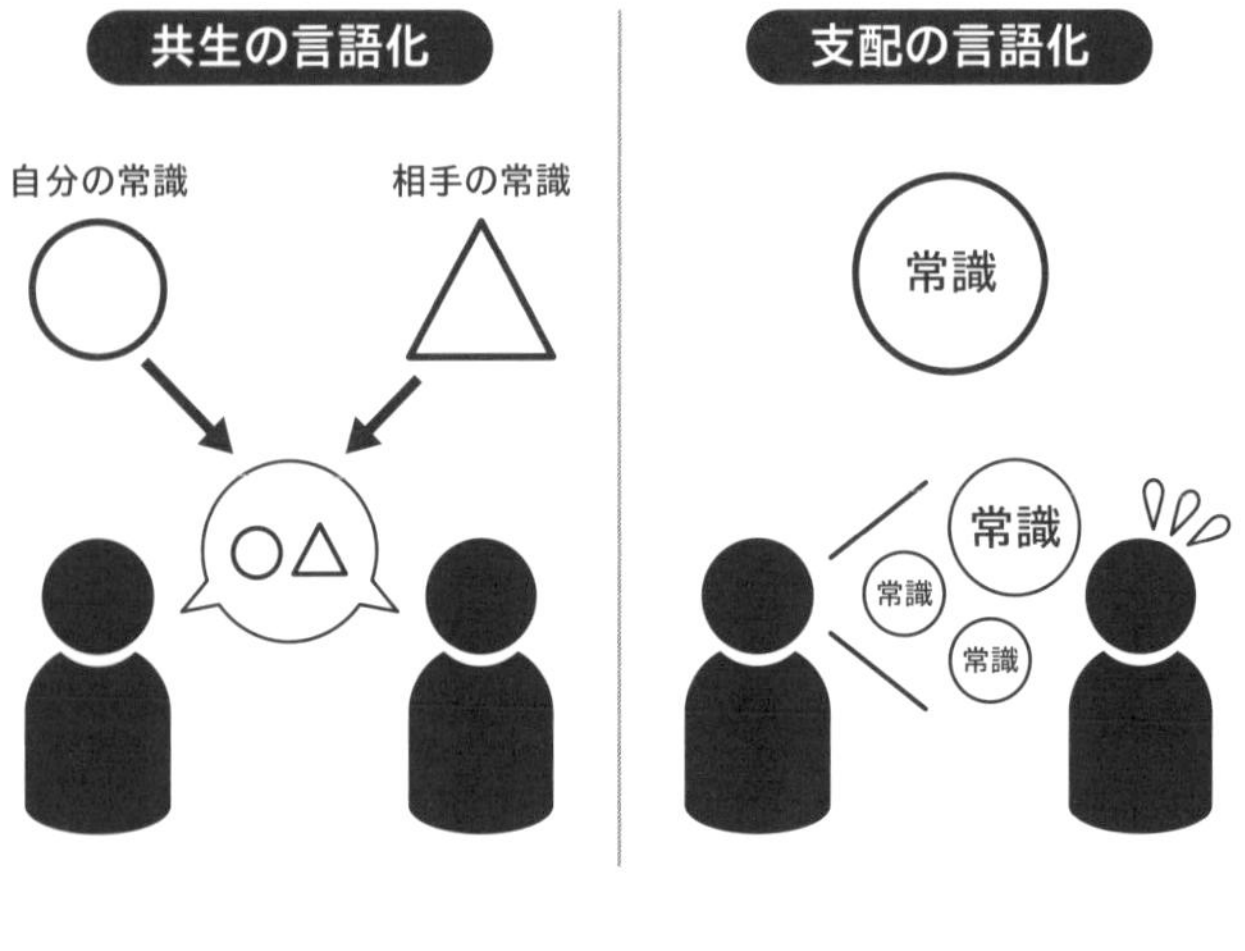

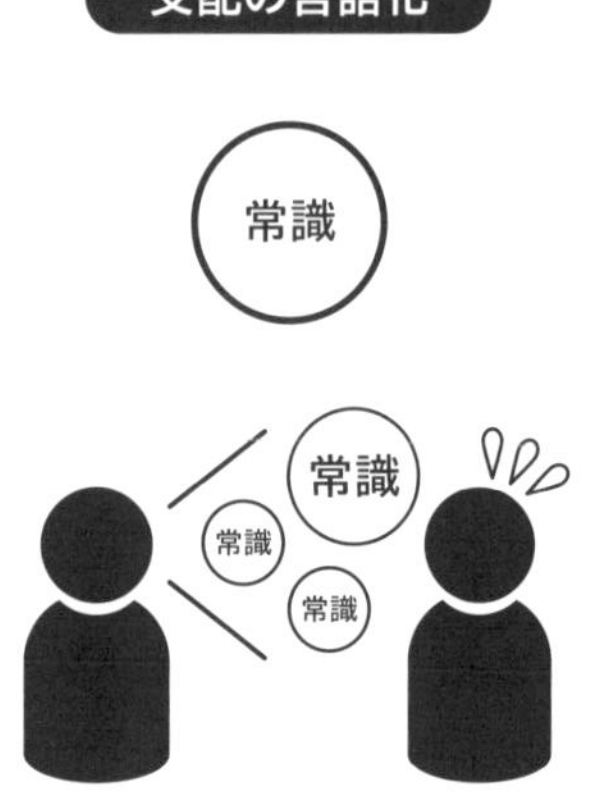

人と生きるための言語化とは、二人だけの世界＝「家」を作ること

「私とあなたが、一緒に生きられる世界を、一緒に作っていく言葉を紡ぐこと」が人と生きるための言語化です。本書は世界という言葉を「家」のたとえでも表現していきたいと思います。

家という言葉からどんなイメージを持たれるでしょうか。生まれ育った家族によっては、家に嫌なイメージを持つ方もいるかもしれません。しかし、理想としては、家は外敵の心配をせずに、安心してくつろぐことのできる場所です。

家が建つためには、まず建てるための場所、すなわち地盤が必要になります。そしてその地盤の上に基礎があって、その上に建物が載ります。家を作るためには、地盤や基礎が前提になります。

では、言語化における地盤や基礎に相当するものはなんでしょうか。

まず地盤とは「私たちは、ここで、安心できる家を建てたいね。そして、そうでき

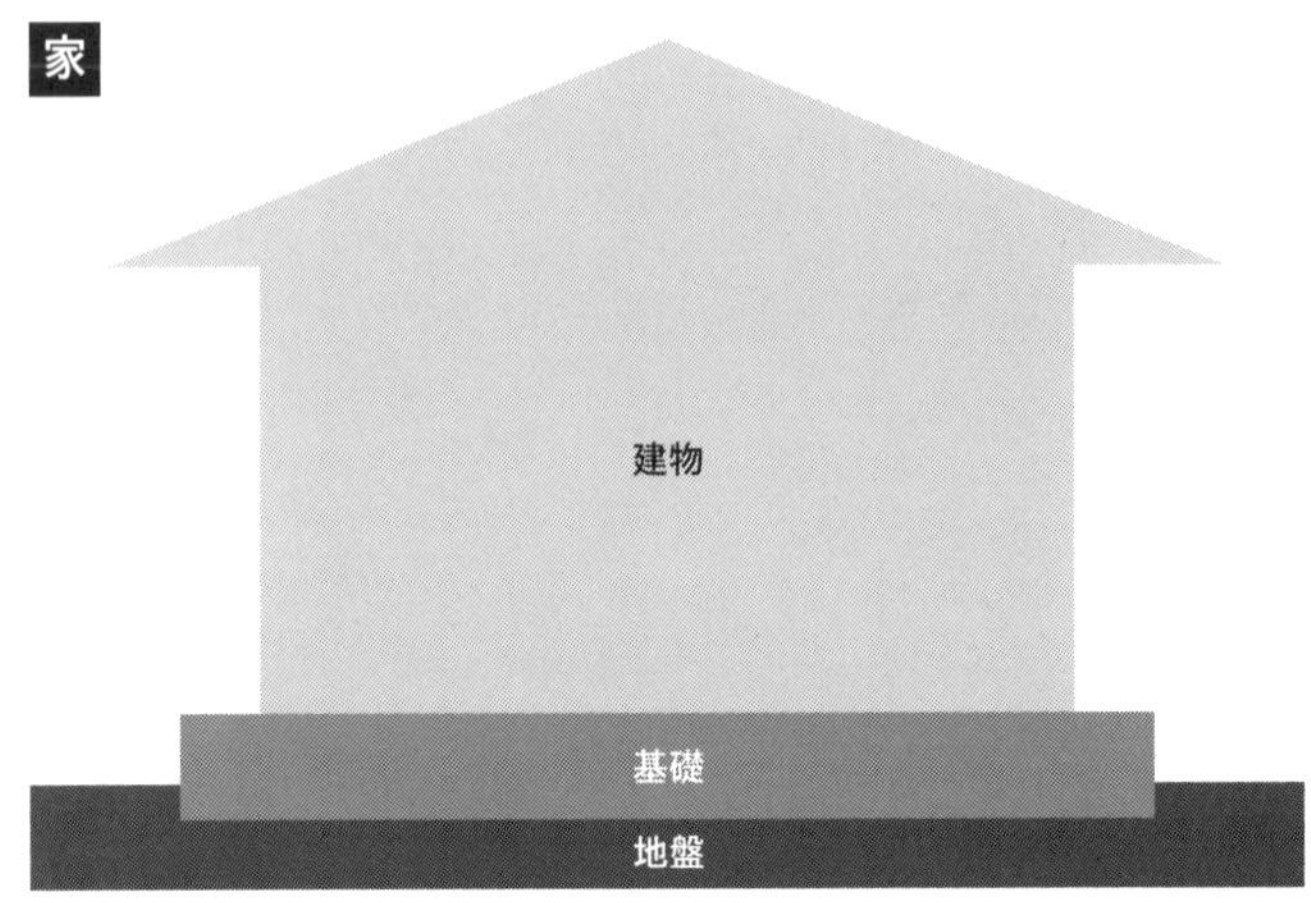

ない場合には、それぞれ別の場所に行こう」という対等な約束です。

誰かと一緒に家を建てるときには、全ての大前提として「合意」が必要になります。私たちは一緒にここで幸せに、穏やかに、くつろいで暮らせる家＝世界を作るために、一緒にいるということです。

そして、それができない関係であれば、誰でもその地盤から離れてよい。離れることに合意は必要ありません。「ここで、あなたと家を作るのはやめる」と決めるのは、片方の意思の問題です。

一緒に世界を作っていくことは、あくまで「合意」に基づくのであって、誰でも、他の場所に移って、別の人と、あるいは一人で、新しい家を作っていいのです。「ここで、この二人で」作ることは当たり前でも当然のことでもなく、そうしたいと二人が合意しているからすることなのです。

家族という言葉に「家」という言葉が入っているのは示唆的です。ここで家とは「一緒に生きていきたいと思う人たちが作り続けるもの」なのです。そこから出ていくことは自由です。自由だからこそ、一緒に生きていきたいと思い合えるように、気遣い合うこと、お互いが住み心地のよい家を作っていくことが重要なのです。

基礎＝「この私」と、「このあなた」は、別の人であるという認識

家を作る場所を決めたら、今度はそこに基礎を作っていく必要があります。ここで言う基礎とは「私たちは、どんなに頑張っても完全にはわかり合えない」という考え方のことです。

「ここで、一緒に生きていける家を作る」というときに、ついつい勘違いしてしまうことがあります。それは「一緒に生きていくことは、同じものを好み、同じものを嫌

い、同じことをいいと思い、同じことを悪いと思う、そんな一心同体になることだ」という思い込みです。

実際には全くそんなことはありません。「この私」と、「このあなた」という別人同士が、その違いを前提として、家を作っていくことを意味しています。

私とあなたは別なので、嬉しいと思うこと、楽しいと思うこと、嫌だと思うこと、辛いこと、悲しいこと、虚しくなること、みんな違います。みんな違うという前提に立った上でわかろうとする必要があります。

これを間違えてしまうと、以下のようなことがよく起こります。

- **「サプライズプレゼントをしたら全然喜んでくれなかった。プレゼントをもらったら喜ぶのが当然の礼儀なのになんなんだ。傷ついた!」**
- **「普通言わなくてもタオルの畳み方はこういうものなのに、なぜ揃えないのか。自分を馬鹿にしているのか、酷い!」**
- **「旅行は宿でのんびりするのが醍醐味なのに、人がゴミゴミした観光名所に行きたがるなんて意味がわからん。趣味が悪い」**

●「こんなこと言われなくてもわかるでしょ？　何年仕事してきてるの？　そんなんじゃこっちも迷惑なんだけど」

このように、相手が自分が思うように感じたり、考えないことに傷ついてしまうのです。「この私」と、「このあなた」は別の人であり、同じ事柄に対して、違うように感じ考えます。それは自然なことです。

それは、一見悲しいことかもしれません。ドライに聞こえるかもしれません。しかし、究極的にはわかり合えないからこそ、わかろうとすることができます。これが人間関係の基礎になります。その前提に立つと「なぜこう考えないのか？」「なぜこれが嫌なのか？」を問い詰め続けることがなくなります。

「話し合えばわかる」という言葉は、いい言葉のようにも聞こえますが、注意が必要です。孤独になる人が「話し合えばわかる」と言うとき、それを言っている人は、ほぼ確実に「話し合えば（自分の言っていることが）相手にわかって、自分に従うだろう」という意味で言っています。それは「話し合い」ではなく支配です。

一方、人と生きるための言語化ができる人は「話し合えばわかる」には限界があることを知っています。話し合うことでお互いの感じ方や考え方を共有することはできるでしょう。しかし、一緒に生きていける合意が作れるかはわかりません。自分の言い分も相手の言い分もわかった上で、関係を終了することだってあるのです。

孤独になる人は、お互いの違いがわからない

孤独になる人は、これを認めない人も多いです。言葉にしてみると当たり前に思えるかもしれませんが「話し合ってもわからない」ことはよくあるのです。

わかりやすい例を挙げれば「同じ部屋にいても、暖かいと思うか、寒いと思うか」は人によって違うのです。そこで「なぜ寒いのか?」と聞いてもしょうがありません。

自分は暖かいと思っているこの部屋を、相手は寒いと感じている。その現実から始める必要があります。

私たちは違った形で世界を感じています。だから話し合っても究極的には「そう思うのだからしょうがない」という境地に行き着くことがあります。それはもう仕方な

いのです。そうした「他者性」を私たちは抱えています。ただ、そんな相手を大切にしよう、尊重しようと思えるかどうかなのです。

この考えは自分に対しても当てはまります。「どうして自分がこう感じるのか、どうして自分がここにこだわるのか、もはや自分でもわからない」。こんなことはたくさんあると思います。

「論理的に考えたらこうだろう」と主張したところで、人間は論理で動いているわけではありません。「こっちのほうが合理的なのに」と思っても、相手は合理的であるべきだと思っていないかもしれません。

論理的とか合理的などという言葉も疑うことができます。討論の訓練をした人は誰でも、論理の組み立て次第で意見はある程度自由に生み出すことができることを知っています。大事なのは、なぜ特定の意見を採用するかです。それは論理的には導けません。

自分がこの意見が導く結論が嬉しいから選ぶし、その結論が嬉しくなければ選びません。現実世界における論理や合理は、あくまで自分の感覚にとっての快楽の判断を伴っていることを自覚していないと「論理的でない」とか「非合理的だ」と相手を断じ、結果として孤独へと向かいかねません。

なぜなら、それは相手の快楽の判断を無視しているからです。相手の心地よさ、あるいは居心地の悪さ、それを重要視すること以上に、誰かと生きていくために大事なことがあるでしょうか。

人の悩みは2種類あるように思います。一つは「どうすればいいかわからない」そしてもう一つは「わかっているけれどできない」です。この後者の苦しみを味わったことのない人などいないでしょう。ダイエットだって英語だってプログラミングだって「やったほうがいい」と思えても、できないことが多いでしょう。

自分だってコントロールできないし、他者だってコントロールできない。誰も自分の感じ方、根本的な感覚は、操作して修正することができないラインがある、と思ってしまったほうが現実に即していると思うのです。

それを間違っているとかおかしいとか非合理的だと考えるのではなく、そのような「私」、そのような「あなた」として認めること、相手を自分と同じように感じ考える人間に操作・変形しようとしないこと、同時に自分の理想に合わせて自分を操作・変形することもどこかで手放していくこと、とてもポジティブな意味で諦めること、これが人と生きるための言語化の「基礎」になります。

先ほどまでは基礎を一つのものとして描いてきましたが、ここからは基礎を2つに分けましょう。「この私」と「このあなたは、別だからです。そして、お子さんなど他に一緒に生きていきたい人がいる場合には、この基礎はさらに増えます。

建物＝一つひとつの素材を一緒に作っていくこと

人と生きるための言語化とは、二人が生きやすい場所を一緒に作っていくこと。その地盤となるのが「お互いが一緒に作りたいと思ううちは一緒にいるし、そうでなければ関係を終了してよい」という対等な合意です。そしてその基礎となるのが「私とあなたは別の人であり、同じように感じ考えることはなく、究極的にはわかり合えないことを前提として、わかり合おうとすること」です。この地盤と基礎の上に、ようやく建物を作ることができます。

いつでも関係は終わってよいいし、お互い別の人間でありわかり合えないと聞くと、なんだか二人の関係はとても不安定に思えます。そして、実際に人間関係はとても不安定なものです。関係はあっけなく終了しますし、わかり合えた、一心同体だと思うことは、実は相手に我慢をさせていただけだった……そんなこともよくあります。

そんな不安定な世界に、家を建てるとはどういうことか。それは、私たちが感じ、考える一つひとつのことについて「一緒に」素材を作っていくことです。

例えば「いい車」について考えてみましょう。一方は「大きい車のほうがいいと思うんだよね」と言い、もう一方は「うーん、どっちかっていうと小回りの利く車のほうがいいなあ」と言うとします。

ここでは「いい車」という言葉が持つ内容にずれが生じています。そこで「なんで

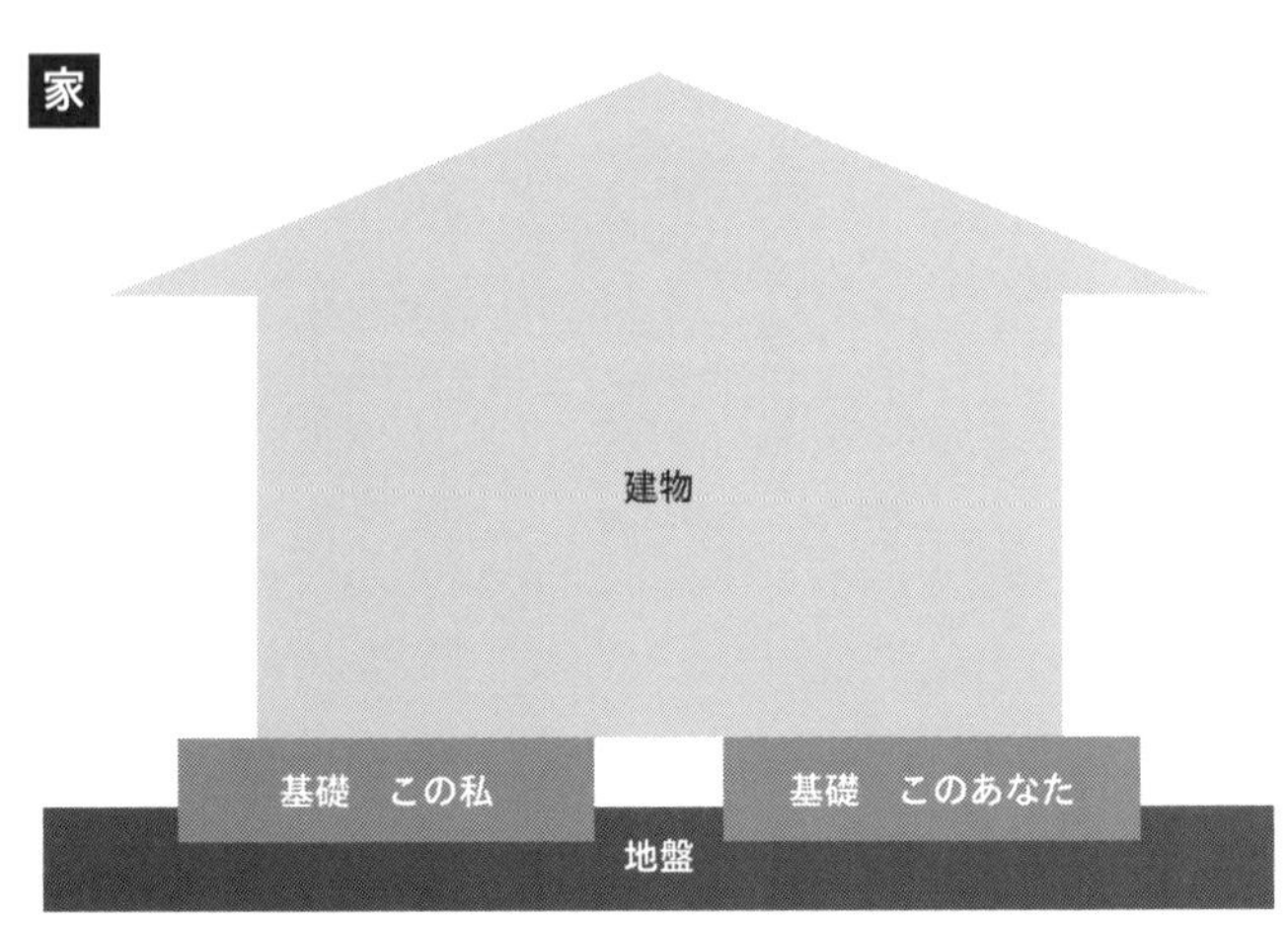

大きな車のほうがいいんだろう?」とか「小回りが利くって具体的にどんな車を想像している?」と話し合いを進めていきます。

そうすると「大きい車のほうが週末に家族でアウトドアに行ったりするときに便利だと思って」とか「普段通る道が狭いから小さな車がいいんだよね」など、想像している使い方が違うことがわかります。

「しばらくは子どもも小さいし、アウトドアに行くのはまた5年後10年後の話になるから、今は普段の使い方に便利なほうがいいんじゃない?」といった合意に達するかもしれませんし、そうではないかもしれません。

こうして「私たちにとってのいい車」という概念について、自分たちが一緒に使っていける「私たちの言葉」が作られます。これこそが「共生の言語化」です。

「私たちの言葉」を作るプロセスでは、それぞれが持っている常識や当たり前だと思うことを「現実の言語化」によって明確にする必要があります。そのために、お互いがどんなことを大切に思っているのか「尊重の言語化」を通してわかり合おうとすることが必要になります。さらに大事なことは、「私たちの言葉」を一緒に作っても、時間が経ち、状況が変わるとその言葉が「一緒に生きていく」のに不便になることもあります。まさにこの例であるように、子どもが大きくなって週末は習い事で遠くに行くことが増え、あるいは引っ越して家の周りの道路が大きくなるかもしれません。

そんなときに「前はこう言っていたのに、話が違うじゃないか」と言っても仕方がありません。「共生の言語化」を通して二人で言葉を作っても、しばらくするとそれはほころんだり、傷んだりして、作り直したり繕ったりする必要があるのです。

「私たちにとっていい車ってどんな車だろう？」とか「私たちにとって記念日のプレゼントってどんなことだろう？」とか、そんなふうに一つひとつの概念や、言葉の意味を一緒に作っていく、それをレンガやブロックだとしましょう。

自分たちが生きやすく、くつろぐことのできるレンガやブロックを組み合わせて、椅子や、テーブル、壁を作る。でもそれはいずれ、ほころんできます。なので、そのたびに言葉を紡ぎ直す。

そうすることによってお互いにとって住みやすいものになるから、その土地を出ていくことなく、安心して、くつろいで生きていくことができるのです。

人間関係は不変ではない

僕は、「変わりたい」と願うモラハラ・DV加害者の当事者団体GADHAを運営する中で、幸せになりたいのに孤独になってしまう苦しみを見てきました。

加害者の人もまた幸せに生きたいと思っているのです。しかし、結果として人を傷つけ、苦しめ、自分だけがくつろぐことのできる世界＝家を作り、相手の痛みに気づけず、相手はその関係に耐えられなくなり、関係を終了し、出ていってしまいます。二人（子どももいる場合は三人以上になります）が生きやすい場所を作ることができない。自分しか生きることのできない場所を作ってしまうから、大切な人がその場所＝家から離れていきます。

そして加害者の多くは、そもそも関係の終了を想定していないことも少なくありません。正確に言うと、加害者の多くは「外の関係は簡単に終わってしまう。でも、内の関係は終わらない、終わらない関係を内の関係と呼ぶのだ」と考えています。

多くの人間関係は終わってしまう。裏切られること、離れられてしまうこと、嫌われてしまうこともある。

でも、だからこそ、この「家族」という関係は終わらない、自分にとって安住の地だと思い、そしてその安住の地において君臨しようとするケースがあるのです。

なぜなら、関係が終了しないと思っている人は、二人が住みやすい場所を作ろうとはしないからです。関係が終わらないのであれば、自分にとって都合がよければ都合がよいほどよい。相手が困っていたとしても関係は終了しないのだから、問題ではない。そう考えます、でも実際には関係は終了します。だからこそ、この言語化の大前提となるのが「関係は終了できる」「ここで生きていくかどうかは、常に対等な合意の結果」であることを強調する必要があります。家でいうと「地盤」にあたります。

この地盤の上に基礎を作る必要があります。それが、自分と相手は違う人間であることを認め、だからこそ、自分と相手の感じ方や考え方をわかろうとする姿勢です。

こうして初めて話し合い＝共生の言語化が可能になります。今度の旅行はどこに行こうか、冷蔵庫は大きいほうがいいか小さくてもいいのか、洗濯機のスペックは予算を検討するとどんなものがいいだろうか、子育てのためにどんなことをしていくのが良いだろうか、そんなことを考えていくことができるようになります。

人と生きるための言語化は、どの人間関係においても重要

こう考えてみると、実はこれはパートナーシップや夫婦間に限られるものではないと気づきます。親子関係も、職場の人間関係も、友人関係においても、これらの原則はかなり広く応用が可能です。

逆に言えば、結局親子関係でも、職場でも、友人関係でも、孤独になる人はなるべくしてなっています。孤独になる言語化しか知らないからです。実際、ＧＡＤＨＡで悩み相談をする人たちの悩みはパートナーシップにとどまらず、実に幅広いのです。

どんな関係性においても、一つひとつ「私たちの言葉」を作る作業は大変です。いっそ、既製のものを使ったほうが楽ではないかと思うときもあるでしょう。例えば「家族の理想の週末の過ごし方」や「友達ならこういう遊びをするよな」なんて、きっとみんな違うのです。ある人はアウトドアが好きかもしれないし、ある人は映画を観た後にのんびりお茶を飲みながら感想を話すのが好きかもしれません。

そんな意見の違いがあるときに「最近雑誌で見たけど、週末はこういうふうに過ごすものらしいよ」とか「みんなディズニーランドに行って素敵な写真を撮っているのに、それを楽しめないなんておかしい」と思ってしまうこともあるかもしれません。

それらは結局外部の既製の言葉です。そうして自分に都合のいい外部の言葉を「私の言葉」のように話す人は、いずれ孤独に向かっていくことでしょう。

また、大事なことほど、お互いの価値観が深く関係していて、すんなり決まらないことばかりです。どうせ全部はわかり合えないのですから、家に一部穴が開いて隙間風が入ってしまうこともあります。でも、だからといってその家を丸ごと手放すでしょうか？　そんなことはないはずです。

何もかも完璧な家など存在しません。「この私」と、「このあなた」が他者である限り、完全な家はありません。私たちはみな違う存在ですから、全てにおいて完全に合意をして住みやすい場所を作ることはできないのです。

GADHAには「どうして自分はあんな小さいことにこだわっていたんだろう。離婚することになるくらいだったら、あんなこと全然どうでもよかった」と後悔する人が少なくありません。車かもしれないし、住む場所かもしれないし、結婚式の予算だったかもしれません。それぞれ別の人だからこそ、こだわることも違う。

そんなとき、「一緒に生きていきたい」と思える範囲で尊重できますが、「もう一緒に生きていきたくない」と思ったら尊重する必要はありません。

関係を終了することができるという前提に立ち、私たちは違う人間だという前提に立ち、だからこそお互いの違いを認め合い、尊重し合いながら、一緒に生きていける素材を作り組み立て、自分たちにとって住みやすい家を一緒に作っていく。

それができない人は、自分にとって都合のいい場所にばかりしてしまって、最後には相手が限界を迎えて、その家から出ていってしまうのです。

逆に、相手のことばかり考えて自分のことを蔑ろにしてしまう人も、気づけば自分にとって居心地の悪い場所になってしまっていて、耐えられなくなって出ていかざるを得ないこともあります。自分を蔑ろにして、「一緒に生きる言葉」を作れないことも、孤独になる言語化なのです。幸せになりたいと思うとき、「自分だけの幸せ」や「相手だけの幸せ」しか見えずに「一緒に生きる二人」が幸せになる世界を一緒に作っていけない人は、孤独になるのです。

家

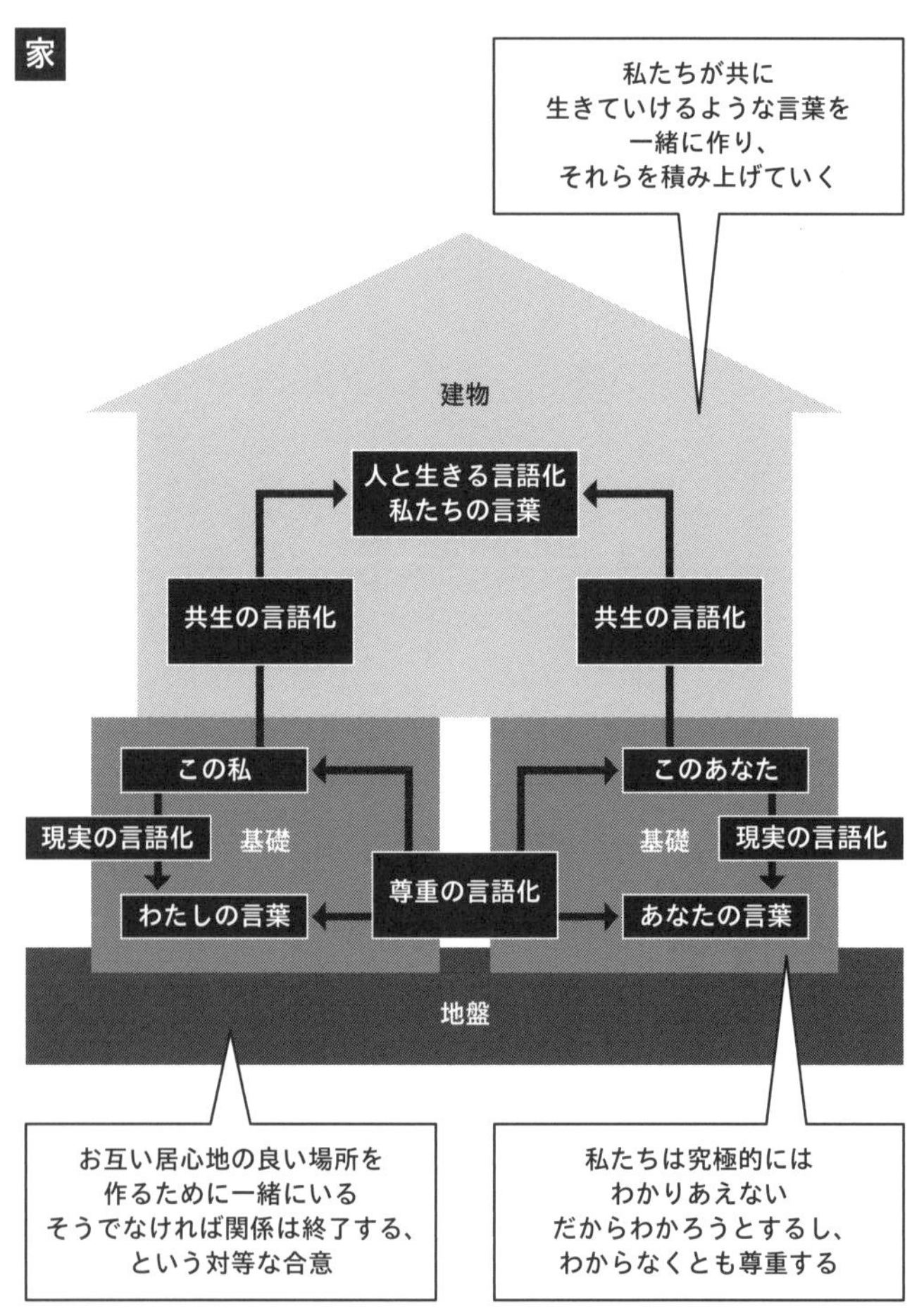
私たちが共に
生きていけるような言葉を
一緒に作り、
それらを積み上げていく
建物
人と生きる言語化
私たちの言葉
共生の言語化
共生の言語化
この私
このあなた
現実の言語化
基礎
基礎
現実の言語化
尊重の言語化
わたしの言葉
あなたの言葉
地盤
お互い居心地の良い場所を
作るために一緒にいる
そうでなければ関係は終了する、
という対等な合意
私たちは究極的には
わかりあえない
だからわかろうとするし、
わからなくとも尊重する

言語化の限界について考える

人と生きるための言語化は素晴らしい、と単純に述べるだけでは、やはりいくつかの嘘、あるいは誤解を招いてしまいます。どんな理論も考えも限界があり、それを知った上でうまく活用してほしいと願っています。

ここでは大きく3つの限界について触れていきたいと思います。

1　関わる全員とは不可能であり、できる範囲でしかできない

人と生きるための言語化を理解すればするほど「これはいい！」と思うと思います。もしもこんなふうに多くの人と一緒に言葉を紡いでいくことができれば、それは本当に幸せなことです。

しかし、人を信じられず、裏を読み、搾取されたくないと身構える人との関係においては、自分自身が道具にされてしまうことがあります。それはこれまで自分が人に

してきたことでもあります。

実はＧＡＤＨＡのメンバーでも少なくない人が「加害者であった自分が変容すればするほど、関わりたくないと思う人が増えた」と言います。これまでは鈍感だったのが、痛みに気付けるようになるので、友達や、気軽に話せる人が減ってしまうのです。

それだけ聞くと少し残念にも思いますが、それは決して悪いことではありません。言語化の全ての前提になるのは「『この私』と『このあなた』は、お互いが生きやすくなる世界を一緒に作りたいと思いあえているだろうか」です。そうでない関係は終わってよい。終わらせることが難しい関係においては、少なくとも距離をとってよい。仮に相手が親だろうと、お世話になった人だろうと、長年の友人だろうと、関係ありません。

僕が言えることは、どうかご自身が生きやすい関係を大事にされてください、ということに尽きます。そうしないときっと、他の人が自分と違って我慢していないのを見たときに、間違っていると考え、腹を立て、孤独になる言語化に繋がります。

実際「あの人と会った後はやけに疲れてしまう」と感じたり「会いたくないんだけど誘われたら断れなくて」と思ってしまう人と会った後に、疲れやイライラから周りにいる人に当たってしまう人はたくさんいます。自分を大切にしない人との関係を保つために、自分を大切にしてくれる人の関係を悪化させるのも、孤独になってしまう人の特徴の一つでしょう。

2　言語化をどんなに頑張っても究極的にはわかり合えない

言葉にすることの価値を知れば知るほど、今度は「言語化」しない人にイライラしたり、無能感を与えてしまうときがあります。「つまりどういうこと?」「ちゃんと言葉にしてくれないとわからない」「さっきはAって言ってたのに今はBって言うのはおかしくない?」「もっとちゃんと聞かせてほしい」「知りたいんだよ君のことが」「言ってくれないとわからないよ」などと相手を攻撃してしまうことがあり得ます。

「でもじゃあどうしたらいいの?」と思った人は、こんなふうに考えてみてください。「よくわからないけど、とりあえずこうしてほしいんだな」とか「この人自身もよくわからないんだな、そういうことってあるよね」「わからないなりに、こういうことをしたら喜んでくれるだろうか?」と。

そうやって他者を自然現象のように捉えてしまうのです。風が吹く理由がわからなくとも、風は吹いています。なぜ雨が降るのかわからなくても、雨は降っています。その人がなぜそれを大切に思うかわからなくとも、その人がそれを大切にしていることと自体はわかるはずです。人間が行う言動には、そんなに深い意味がないこともたくさんあります。特別深い意味がないけれども、なんとなくこっちのほうがいいということもたくさんあります。

時々、これを忘れてしまうことがあります。「どうしてXなの？　どうしてYじゃないとダメなの？」と相手を変えようとしてしまうとき、考えてほしいのは、「むしろなんて自分はYじゃないとダメなのか」という「現実の言語化」です。

僕たちはすぐ、本当は自分のためにしていることを忘れて、相手のためだと言ってみたり、なんらかの外部の正しさ（ここでは「言語化できることがよいことで、それができないのはよくない」といった考え）を持ち出してしまいます。

相手に執拗に言語化を要求してしまうときには、一体なんのために言語化を要求しているのかよくよく考える必要があります。究極的には「尊重のための言語化」も「私たちの言葉」を作るため、一緒に生きていける世界のためにやることです。

一緒に生きていける世界を作るためにやっていることが結果として相手を傷つけ、

一緒にいたくないと思わせてしまうのであれば、その取り組みは根本的にずれているのです。穴が開き、隙間風が吹く家であっても、その家を大切にしたいと思うなら、それをそのままにしておくことだって選択肢に入るのです。もちろん、そんな家で生きていけないと思う時には、その家を出ていくこともできるでしょう。

しかしほとんどの場合は「自分が出ていくほどのことではない」のです。そしてそうであるならば執拗に言語化を要求することは孤独になる言語化なのです。

3 ― 行動が伴わなければ意味がない

そして最も重要な限界が「言語化」とは結局のところ、まだ行動にはなっておらず、約束にすぎないことです。約束は、破られることがあります。

具体的な状況を考えてみましょう。ある夫婦が話し合いの結果、「よし、じゃあ今回は小回りの利く車を買おう」と合意したとします。しかし、次の日に買ってきたのがアウトドア用の車だったらどうでしょうか。もう少しリアリティのある事例を出してみましょう。例えば家事に疲れているときに、それをパートナーに話したらこんなことを言われるかもしれません。

「そうだよね、家事って毎日発生するし、せっかく終わったと思ってもまた次の日だし、時々本当にしんどくなるよね。本当に辛いんだね」

これは尊重の言語化だと言えるでしょう。相手が言っていることを受容的に受け止め、その感じ方や考え方を尊重しようとしています。

わかってくれたと感じて「そう言ってくれてありがとう。基本は私がこれからもやるんだけど、本当に辛いときにヘルプしてもらえると嬉しい」と伝えると、パートナーと手をとって「仕事で大変な時期は難しいと思うけど、余裕のあるときは言ってくれたら必ずやるからね」と頷いてくれたとします。

ここでは共生の言語化ができています。辛いときはヘルプをしたいことについて、この二人は「私たちの言葉」を作ったわけです。

そこで、ある日、どうしても体調が悪いあなたは、パートナーがソファで座りながら漫画を読んでいるときに、代わりにお皿を洗ってもらえないか尋ねてみました。するとパートナーは「え、ちょっと疲れているし無理……」と目線も合わせずに漫画を読み続けたとします。その日は相手も疲れていたのかなと思い、何度か違う日にお願いしても毎回その調子だとしたら、この「私たちの言葉」になんの意味があるでしょうか。

私たちの言葉を作る営みは、時間もかかるし、自分のことも相手のことも理解しようとするプロセスは一筋縄ではいかず、疲れることもあります。それでも私たちは「ああ、わかり合えたかもしれない」と思えた時に安心します。しかしその安心は、こうして裏切られることが続いていけば、もはや得られないものになります。

「どうせ裏切るんでしょ？」「いくら話し合っても無駄だよね」「約束も謝罪ももうしなくていいよ」「行動で示してほしい。反省の言葉はもういいから」というように。

言語とは究極的には信頼そのものです。言葉を何度も何度もすり合わせても、一向に現実世界が変わらないのであれば、それはもはや自分にとって住みやすい場所ではありません。住みやすい場所ではないどころか、不気味で恐ろしい、恐怖の空間にすらなるでしょう。

その結果、その世界は土台から不安定ですから、急いで逃げていく選択をしても、誰も止めることはできないでしょう。

GADHAに寄せられた相談から―1

Q

人からなぜか縁を切られたり、距離を取られてしまうことが何度もあります。

A

これほど悲しいことはないかもしれません。自分は自然に振る舞っているつもり、あるいは気遣っているつもり、自分なりに頑張っているつもりなのに、なぜか人が離れていってしまう経験は深い傷を残します。

一方で、この相談だけで見えてくるものがあります。それは「なぜか」縁が切られてしまうという記述からも明らかです。つまり、「人に嫌だと言われたことを覚えていない」か「嫌だと言ってもらえない」人間関係を作ってきたことです。

いきなり縁を切る人はなかなかいません。縁を切るのは、普段から「ちょっとそれは嫌だなあ」とか「こういうふうにしてもらえない？」と小さく打診しても誠実に応答してもらえず「この人と生きるのは辛い」という体験が積み重なったときです。

もちろん、これまで言ってもわかってもらえなかったのだから、別れの時にわざわざ理由を言ったりはしません。ただ距離を取ります。こうして「なぜか縁を切られる人」が生まれます。

距離を取られてしまう人の、３つのタイプを紹介します。もしかしたらあなたはこのどれかに当てはまっているかもしれません。

一つは、軽んじるタイプです。「そんなの気にしすぎ」とか「大したことなくない？」「そんなこと言ったら自分も大変でさあ」と、言ってくれたことを受け取らず、相手の感じ方を否定します。日常の小さな「嫌だな」が積もっていけば、関係は終了します。「そんなことで？」「そんなことしたっけ？」と軽んじられるのが目に見えているので、離れていく人はその理由を伝えません。

他には過剰に反応するタイプもあります。何か伝えられると落ち込み、傷つき、自分なんて本当にダメだよね、死んだほうがいいよね、生きててすみません……と反応します。言った側は「いちいちこんな重く受け取られるならもう言わ

Column

Q 人からなぜか縁を切られたり、距離を取られてしまうことが何度もあります。

ないでおこう」と困惑し、我慢を続けるうちに限界がきて距離を取ります。罪悪感を与えられたくないので、離れる理由を伝えることはありません。

もう一つは、学ばないタイプです。その場で何かを言われたら「ああ、ごめんね」と言うのですが、何度も繰り返します。そうすると、嫌なことを繰り返された人は「この人に言っても意味ないな」と学習し、我慢の限界がきたら関係を切るでしょう。学ばない人に伝える意味はないので、離れる理由はわざわざ言いません。

このように、さまざまな理由で「なぜか縁を切られてしまう人」は生まれます。おそらく、小さなサイン、小さな理由は、関わっている中で何度も出されているのです。でも、それを誠実に受け取ることができていないのです。

相手のせいにしたり、環境のせいにして、自分ごととして引き受けない。あるいは、重く受け取りすぎて相手が気軽に感情をシェアすることを阻害する。そんな対応をやめることが、「なぜか縁を切られてしまう」人生を卒業するためのヒントになるはずです。

第2章

孤独になる
言語化の具体例

第1章では言語化とは何かを、家のメタファーを使いながらお話ししてきました。人と一緒に生きていくことは、その人と一緒に生きていける世界を共に作っていく責任を持つことです。

夫婦・カップルのように合意に基づく関係はもちろん、親子のように事前の合意なく生まれる関係も同様です。友達もそうだし、職場の人間関係もそうです。

第2章ではいくつかの典型的なケースを取り扱います。さまざまな場面において、孤独になる言語化をしていたり、逆に人と生きるための言語化をしていることもできることがよくわかると思います。

本書で出てくる事例は、多くの場合はGADHAのメンバーの体験談を複数織り交ぜながら、個人を特定できない形で用いています。

ぜひ「自分はこういうことをしていないだろうか?」「こんなとき、自分だったらどんなふうに言うだろうか?」ということを想像しながら読んでいただけたら嬉しいです。

「孤独になる言語化」をシステム思考で考える

どうして孤独になる言語化をしてしまうのか。その背景を辿るために、システム思考を紹介させてください。システム思考とは、簡単に言うと「起きている出来事を理解するためには、その出来事自体だけではなく、その出来事を生み出す背景や構造を踏まえて、システムとして理解することが大切だ」という考え方だと思っていただけたらと思います。早速、具体例を交えてお話ししたいと思います。

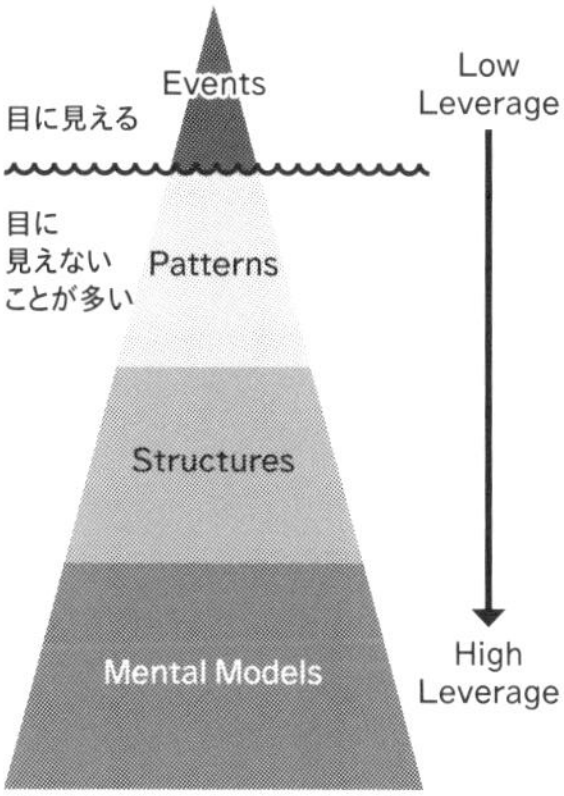

目に見える
Events
目に見えないことが多い
Patterns
Structures
Mental Models
Low Leverage
High Leverage

氷山モデル：システム思考

名前	概要	具体例
出来事 Events	何が起きたか	体調を崩して大事な仕事を休んでしまった
パターン Patterns	出来事が起きるときのいつもの状況	体調を崩すのは大体睡眠時間が足りないときだ
構造 Structures	パターンに影響している要素関係	大事な仕事のときは不安やストレスで眠れなくなる
メンタルモデル Mental Models	この全体の背景にある価値観、信念	相談すると「仕事ができない」と思われるから、自分の力でやりきらないといけない

ケース1 ――「怒鳴る」をやめられない人

例えば「怒鳴ってしまう」という現象があったときに、「本当に悪かった。なんで怒鳴っちゃうのかわからないけど、これからもう二度と怒鳴らない！」と約束する人のことを信じられるでしょうか。僕は信じられません。なぜなら「どうして自分は怒鳴ってしまうのか」その理由や背景を明らかにして、その構造を変えようとしていないからです。

ここからは、「怒鳴ってしまう人」の立場から説明していきます。

システム思考では（いくつかの流派に分かれていますが）、出来事、パターン、構造、メンタルモデルといった分類をすることがよくあります。

「怒鳴る」が出来事だとすると、どんな条件が揃ってしまうときに怒鳴ってしまうのか？　というのが「パターン」であり、その条件を頻繁に満たしてしまう状況が「構造」で、その構造をどこかでは自らが望んで選んでしまっていることを「メンタルモデル」と考えます。

例えば怒鳴るのは旅行をしているときに渋滞に引っかかってなかなか車が動かずイライラしているときかもしれません。すると、これがパターンとなります。「ああいうときに大体やっちゃうんだよな」がパターンであると言えるでしょう。

このケースだと、もはや「渋滞に引っかかってしまった」時点でパターンに入ってしまっていて、怒鳴ることをやめたくても簡単にはやめられないでしょう。周りの人は「あっ、これはいつものイライラから怒鳴るパターンだ……やだな……」と目配せを始めている場面です。

そうなるとそもそもなぜそのパターンが生じてしまうのかを理解する必要があります。それが「週末に旅行しているから」なら、それが構造だと考えることができます。

週末に旅行する限り、遠出をするときは渋滞を避けられないのです。こう考えてみると、週末の遠出をやめることなしには「怒鳴る」をやめられない、と考えることもできます。

そしてさらにはなぜ「週末の旅行」をしたいのか。そこには「週末くらいは家族サービスをしないといけない」という思いがあるからかもしれません。これをメンタルモデルと呼びます。さて、このあたりにくるとずいぶん現実の言語化がされてきたと言えます。

「なぜ怒鳴ってしまうのかわからない」から「怒鳴るのをやめる」という空虚な約束しかできない状況ではもうありません。「現実の言語化」は自分というシステムを理解することです。

システム思考にならって上からいくなら、一つの解決策は「渋滞に引っかからないようにする」かもしれません。怒鳴ってしまうパターンから離れることです。一つの方法としてはあるかもしれませんが「渋滞に引っかからないようにする」のは状況によりすぎて、あまり現実的な解決策ではなさそうです。

それよりは「週末に遠出をしないようにする」などの構造へのアプローチのほうが現実的かもしれません。そうすれば「怒鳴る」をやめられるかもしれません。では、さらに潜ってみるとどうでしょう。

「週末くらいは家族サービスをしないといけない」というメンタルモデルがあるとしたら、これにはどんなアプローチができるでしょうか。「平日に家族サービスをする」とか「家族サービスをしない」選択肢もあるかもしれません。

しかし平日は疲れ切っていて結局イライラしてしまってダメかもしれないし、家族サービスをしないことが、結局家族との関係をさらに悪くすることもあり得ます。

ではどうすれば一緒に生きていくために役に立つ言葉を作っていけるでしょうか。

こんな時こそ「共生の言語化」が必要になってきます。

「いつも怒鳴るからもう行きたくない。来週の旅行はやめようよ」と子どもから言われた時、どう対応できるでしょうか。孤独になる人はこんな場面で「ああそう、じゃあもう俺は家族サービスなんかしなくていいんだな！　それで満足か!?」と言うかもしれません。これは軽蔑の言語化です。

あるいは「どうせみんな俺のことが嫌いなんだろう。せっかく旅行に連れていってやっているのに、俺はなんて可哀想なんだ……はあ……」と落ち込んだ様子を見せ、いつもより多くのお酒を飲んで周りに罪悪感を与えて、忖度させようとするケースもあるでしょう。これは妄想の言語化とも言えるでしょうか。

子どもたちはそういう様子を見せつけられて「旅行は嫌だ」ともう言えなくなるかもしれません。喜んでいるふりや、楽しんでいるふりをするかもしれません。イライラして怒鳴って最悪の空気になった車の中では何も感じていないふり、悲しくないふり、傷ついていないふりをしないといけないかもしれません。

「もう怒鳴るから来週の旅行はやめようよ」と言われただけで孤独になる反応をしてしまう人が世の中にはたくさんいます。これは、「人と生きるための言語化」を目指さない点で責任の放棄です。その責任を引き受けることを考えてみましょう。

自分が本当に使いたい言葉を見つける

「そもそも、なぜ週末くらいは家族サービスをしないといけないのか」を深めてみましょう。「週末くらいは家族サービスをしないといけない」とは「私たちの言葉」なのでしょうか。「家族サービス」って具体的にはどういうことなのか、家族は一緒に話し合ってみたのでしょうか。

もしかしたら「お父さんは平日は仕事だから、旅行は絶対週末になるし、そうすると毎回帰り道とか渋滞になってイライラし出してどうでもいいことでキレるんだよな、本当にいつも最悪な気分になる……なのに旅行はしなくていいよと言えば、それはそれで怒るし、意味がわからん……」

と思われているのかもしれないのです。なぜ家族サービスをしないといけないと思っているのか、なぜそれが遠出の旅行なのか考えてみる必要があるでしょう。

もしかしたら「自分の父親は家族に全然構わない人だったから、自分はいい父親になりたい」と思って家族サービスをしているのかもしれません。そして「珍しく父親が家族サービスをしてくれたのが遠出の旅行だった、あれは今でもいい思い出だ」と思っていて、だから自分も遠出の旅行をしているのかもしれません。

「ああ、あの日は本当に楽しかったな」としみじみと自分の感情に触れてみたり、あるいは「よく考えたら別の日には俺が全然欲しくないプレゼントを買ってきて、喜ばなかったら怒鳴って窓から捨てられたこともあったな……今自分が家族にやっていることは、結局そういうことじゃないか」と理解することもあるかもしれません。

このように、自分が無意識に感じ考えていることを言葉にすることが「現実の言語化」です。それに対して「なんとなく」「そういうものだ」「週末くらいしか旅行できないだろう」「家族なんだから」など、十分に深掘りされることなく、もはや自分自身もうまく説明できない言葉は「妄想の言語化」です。それらは、現実の説明になっていないのです。

実はこんなふうに自分の考えを深めて話すことのできない人はたくさんいます。「自分でもよくわからない、自分を、周りを生きづらくしている言葉」で自分を作ってきた人です。何を感じ、どう考えるべきか、どう言動するべきかを「人に言われたこと」で作ってきた人です。

そういう人は「自分の言葉」を失ってしまっているか、「誰かの言葉」によって覆い尽くされてしまっています。そういう方は、まずその自分の言葉に見せかけた「誰かの言葉」を一つひとつ丁寧に観察し、自分を語り直すことが必要になります。

「あなたの言葉」を聞かせてもらえる関係に

「私の言葉」を作り出せたら、次は何ができるでしょうか。今度は尊重の言語化です。他のメンバーがどんなことを考えているのかを聞くことができるのです。「みんなは家族旅行を楽しんでる?　なんか違うことがしたいかな?」と。

そうするとこんな返事がくるかもしれません。「旅行は毎回お父さんが怒鳴るからもういきたくない」とか「休みの日は家でのんびりゲームとかしたい」「家でお菓子を食べたい」などなど。

それを聞いて過度に落ち込んだり、怒ったりすることは「尊重の言語化」ではありません。なぜなら、相手が感じ考えていること、すなわち「あなたの言葉」を共有することを恐れるようになってしまうからです。

相手から「あなたの言葉」を聞かせてもらえるように関わることが大切なので、そういった旅行を別に楽しんでいないし、行きたくないと言われたときに「そうだったのか、気づいてなくてごめんな」と言えるかどうかなのです。

そしてただ自己憐憫に走るのではなく「じゃあ、こういうのはどうかな？」とか「来週はそれをやってみよう」と言えるかどうかなのです。過度に落ち込むことは相手に罪悪感を与えます。怒るのは当然相手を萎縮させます。

萎縮させたり罪悪感を与えてばかりしていると誰も「あなたの言葉」を共有してくれない関係になります。相手が何に喜び何を嬉しく思うのか、どんなことに傷つき、どうすれば少しでも楽になるのか、そういったことがもう何もわからなくなるということです。

そうすると一緒にいる意味は何もなくなってしまいます。むしろそんな人と生きていること自体が苦しいでしょうから、相手は少しでも早くこの家から出ていきたいと思うでしょう。もっと「私の言葉」で話すことのできる人、「私たちの言葉」を一緒に作って、一緒に暮らせる場所を作れる人との時間を増やしたいと思うでしょう。

「もう旅行に行きたくない」「それより家でお菓子を食べたい」とはっきり言ってもらえる関係がいかに大切か。そして、それを「勇気を持って言わなきゃいけないこと」に決してしないことが大事なのです。気軽に言っていい、忖度をさせない、それは人間関係を作る上で決定的に重要です。

そこで「そうか。じゃあ今度の週末は近くのお店を探して散歩がてらお菓子でも買いに行くか」と言って、そうできたなら、「家族サービス」という言葉自体の意味が全く変わるでしょう。これは、一緒に生きていきたい人が一緒に生きていける「私たちの言葉」になるでしょう。これこそが共生の言語化なのです。

本当にしたいことはなんだったのか。それは「週末に遠出する家族サービス」ではなく、自分が大切にしたい人を大切にしたい、よい父でありたい、そんな思いだったはずです。

そういった考えは決して間違っているわけではありません。大事なのは「大切にする」とはどのようなことか、「よい父」とはどのような人か、それは一緒に生きていきたい人たちと、一緒に作る必要があると言うことです。

もしもここで「孤独になる言語化」をしていたら例えばこんな言い方をするかもしれません。

- **「俺がわざわざ家族サービスしてやるって言ってるのになんで嬉しくないんだ。父親の俺を馬鹿にしているのか？」**
- **「せっかくの家族サービスなのに近くでお菓子なんて全然つまらない。俺はせっかくの週末は遠くに行きたいんだ」**
- **「家でゲームなんてしてるから成績が悪くなるし世間を知らないんだ。もっといろんな経験をさせてやる」**

時には「しなきゃならないから、疲れてる中で無理してやっているのに、なぜわかってくれないんだ」「無理して立派なことをしているのになぜ褒めないい⁉」というかもしれません。その場合はもっと悲惨です。なぜなら「本人も本当はしたくない」のですから。

単に「いい父親とはそのようにするべきなのだ」などと、他人から与えられた言葉を、自分の言葉だと思い込んでしまっているのだとしたら、こんな不幸はないでしょう。

登場人物の中で、誰一人楽しんでいないのです。もはやこの家には、誰も住むことができません。自分すら居心地の悪い家を作ってしまう悲劇がここにはあります。

「もう怒鳴らない」という言葉が空虚な理由

このように言語化のプロセスを踏んでいくことで、ようやく「怒鳴る」を減らすことができるようになるはずです。

「もう怒鳴らない」と約束しても意味はありません。どんな状況で怒鳴ってしまうのかを考え、その状況がなぜ引き起こされるのかを考え、それが引き起こされることを促す自分の考え方にまで辿り着いて、ようやく「私の言葉」を掴むことができ、そうして人と話し始めることができるのです。

そして人の話を聞くときも、相手を尊重するように尋ねる必要があります。そうで

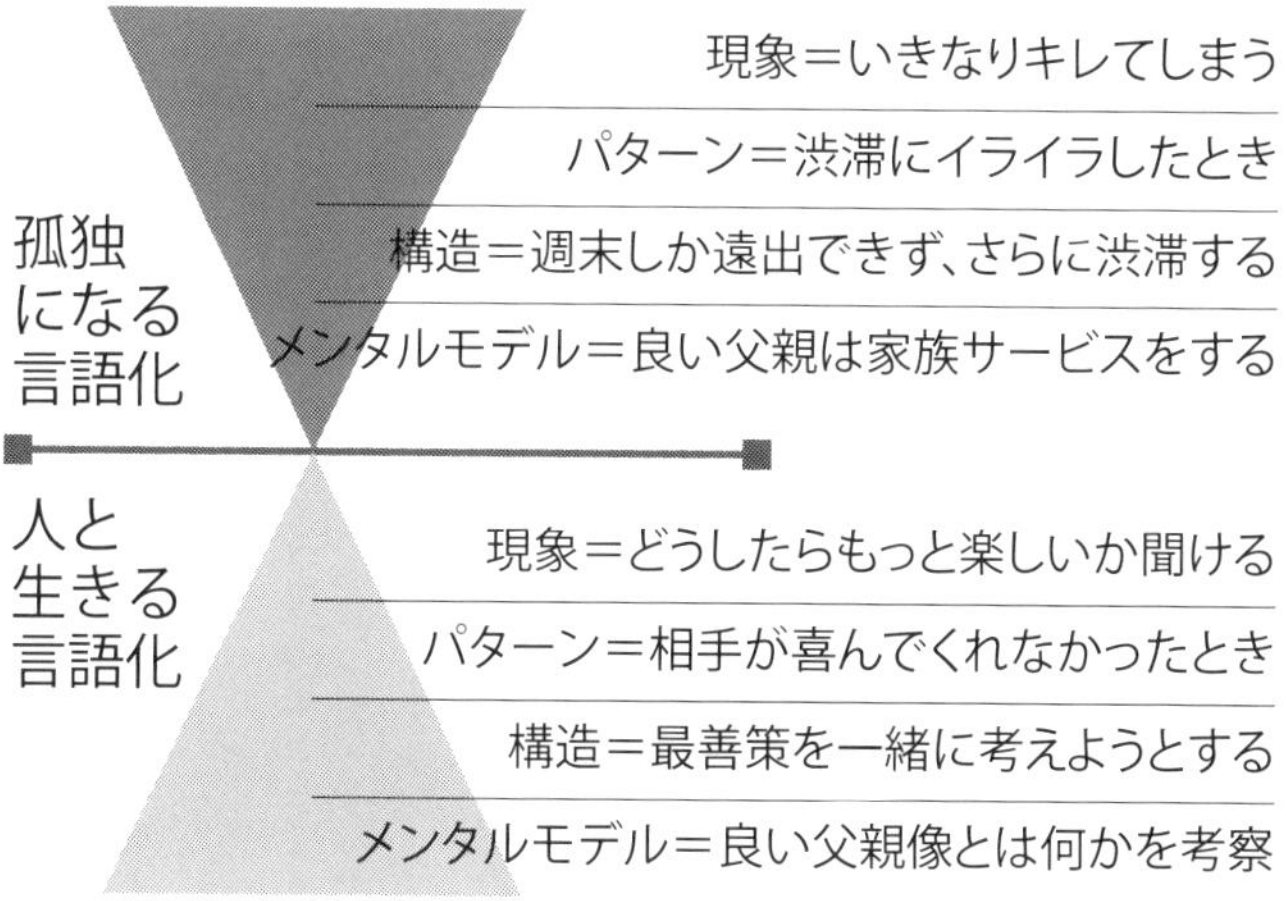

孤独になる言語化
現象＝いきなりキレてしまう
パターン＝渋滞にイライラしたとき
構造＝週末しか遠出できず、さらに渋滞する
メンタルモデル＝良い父親は家族サービスをする

人と生きる言語化
現象＝どうしたらもっと楽しいか聞ける
パターン＝相手が喜んでくれなかったとき
構造＝最善策を一緒に考えようとする
メンタルモデル＝良い父親像とは何かを考察

なければ相手はだんだん自分の言葉を言ってくれなくなります。これまで傷つけ続けてきた場合には、「なんでも言っていいんだよ」「言っても怒らないから」などと言っても全く効果がない可能性があります。

それは、これまで散々相手を尊重してこなかった結果だと思って、反省する必要があるでしょう。小さなことから1つひとつ尊重の言語化を日々行い、相手が生きやすい言語化を一緒にしていくことで信頼を改めて培っていくしかありません。

「出来事」を直接変えることはできませんが、パターンや構造やメンタルモデルを理解して、それを変えることはできます。普段無意識に感じたり考えていたりすることを「内的に言語化すること」は、まさにこういった背景にあるものを引っ張り出して、名前をつけ、別の形や方法もあるのかもしれない、と「気づき」を得ることに他なりません。

ケース2―人に合わせすぎて爆発する人

次は、つねに受け身で相手の意向に合わせてしまうタイプの人のケースをみていきます。

外食をするときに「どこか行きたいところはある?」と聞かれて「どこでも大丈夫だよー! そっちに行きたいとこあったら合わせる!」と答えるし、「ちょっとこのペン貸してもらってもいい?」と聞かれたら「いいよ」と答えます。

しかし、実際には昨日の夜は揚げ物を食べたので今日は軽めがいいし、気に入っているペンなのであまり人に貸したくない。でもそれを言うと面倒なことになるし、ひとまず相手に合わせておこう……と考えているうちに、段々相手も遠慮がなくなり、なんなら打ち解けてきた、すっかり仲よくなってきた、と思い始めたあたりで突然

ＬＩＮＥをブロックしたり、関係を強制的に遮断したり、あるいは「ずっと嫌だった、もうわがままに振り回されたくない！」とキレてしまうパターンです。

このコミュニケーションを取る人はたくさんいます。結果的には関わってきた人との関係を遮断することになるので孤独になってしまいます。色々な人と浅く関わっているうちはいいのだけれど、親しい関係になっていけばいくほど、徐々に相手といることに耐えられなくなってしまうのです。

相手からは「ごめん、でも、どうしてもっと早く言ってくれなかったの？」と驚かれ、「言わなくてもわかるでしょ」「こっちはずっと我慢して合わせてきたのに、自分に合わせてくれたことって一度もなかったよね？」と、こんなに強く言いたいわけでもないのに感情が爆発してしまって、相手の反応を知るのも怖く、コミュニケーションをブロックしてしまいます。そして「言ってやった」と心臓がばくばくするような足が震えるような感覚と「本当によかったのか」後悔の感情に苦しみます。

一見、相手の希望に合わせてコミュニケーションを取ることは人と生きるための言語化のようですが、実際には全くそんなことはありません。なぜなら、そこには「この私」がいないからです。言語化の考えに従ってこのシステムを理解していきましょう。

我慢を重ねて、関係を突然シャットダウンしてしまう

まず、起きている現象は「突然、相手に不満をぶつけて関係を切ってしまう」ことです。こういう人間関係を作ってしまう人は人生で何度か同じことをしてしまってそのたびに後悔しているケースも少なくありません。今度こそいきなりキレたり関係をシャットダウンするのはやめようと思いながら繰り返してしまいます。この現象の背景にあるものはなんでしょうか。

パターンとしては「相手に合わせることを繰り返していくうちに、少しずつストレスが溜まって、限界を迎えてしまう」ことになります。相手の期待に応えようとするので、そんなに第一印象が悪いタイプではありません。しかし、徐々に徐々に限界に向かっていってしまうのです。このパターンを生み出してしまう構造、背景にあるものはなんでしょうか。

例えば、話し合いをするのが苦手だ、ということがあるかもしれません。「中華にしようか、イタリアンにしようか?」「今日どんな気分?」「昨日は揚げ物食べたか

ら、今日は軽いのがいいなー」「じゃあパスタとかにしとく?」「あーでも、近くのイタリアンってピザメインっぽい」「ピザはちょっとなー」「ちょっと微妙だねえ」といった形で話をするのが苦手だったり、面倒だったりして、いっそ相手に合わせてしまったほうが気が楽なのです。そのほうが「楽」なのですから、相手に合わせるコミュニケーションを選んでいるのです。この構造を支えているメンタルモデル、価値観や信念はどういったものでしょうか。

例えばそこには「どうせ自分の意見を言っても通らない。自分は大した存在じゃないから、自分の意見は大切にされない。どうせ断られたり、嫌がられるくらいだったら言うだけ無駄だ」と信じているのかもしれません。

このように考えている人間は、きっと人に意見を言わないでしょう。「パスタがいいな」と言ったら「あ、なんかパスタとか言っちゃうタイプの人かー。スパゲッティって言えばよくない?」と返されるかもと思ったり、相手に「わー、自分は完全に中華のお腹だったわ。空気読んでよねーあはは」と冗談でも言われたら落ち込んでしまう自分が想像できるからです。そんな嫌な目にあうくらいであれば、相手に合わせていたほうが楽なのです。

しかし、ここまで見てきたように、結局は「どうせ自分の意見は採用されない」「だったら合わせたほうが楽」「でも段々イライラが溜まってきて」「最後には爆発してしまう」システムが連続的に作動し続けて、いずれまた関係をいきなり終了してしまい、孤独へと向かっていきます。

いつも聞き役に回ってしまうとか、困ったときに愚痴を吐き出すために呼びだされるポジションになってしまうとか、疲れるのに誘われたら断れないといった方がこの種類の孤独を覚えていることが多いです。

相手の言葉で生きると、「私」がいなくなる

まず重要なのは、この人は結果として孤独になってしまっていることです。相手に合わせることは決して悪いことではないはずなのに、一体どうしてそうなってしまうのか。それは「私たちの世界」ではなく「あなたの世界」を作ってしまっているからです。そこに「私」が入っていないのです。

孤独になる言語化をしてしまう人は、大きく2つのタイプがいると考えることがで

きます。一つは相手を自分の世界のための道具にしてしまって、自分の望む言動を求めてしまい、相手がどう感じ考えているかを尊重しないため結果として相手はその世界にいられなくなって出ていってしまうタイプです。

もう一つは、この人のように自分が積極的に相手の道具となる関係を作ってしまって、自分が生きていけない関係を積み重ねていってしまって、「あなたの言葉」ばかりでいっぱいになった世界を作ってしまうタイプです。この場合は、結果として自分がそこから出ていくことを選んで、孤独になります。

この人は、もしかしたら尊重の言語化はとても得意だと思っているかもしれません。相手がどんなことを大切にしたいのか、何をしたいと思っているのかを敏感に察して、積極的にそれを満たそうとします。案外相手にとっては「どっちでもいいこと」であっても、譲っている、相手を優先しているという思いがあり、最後にキレてしまうときには「あのときもこうして、あのときはああして、あんなにやってあげたのに！」とこれまで溜まっていた鬱憤を吐き出すこともあります。

そしてそんなときによく言われる返事が「別に、こっちとしてはそんなに我慢してまでやってほしかったわけじゃないんだけど……」「やりたいこと言ってくれたら相談して決めたのに」です。実は往々にして、このタイプの人は尊重の言語化に失敗していることも少なくありません。尊重していたつもりが相手にとってはどうでもよいことだったりして、一人相撲のようになり、徒労感でいっぱいになってしまって自己嫌悪に至ることもたくさんあります。

「いいよいいよ、合わせるよ」と言っているときに、実際には自分の中にしたいことやしたくないことがあっても、それをごまかしていることは少なくありません。自分の感じ考えていることが蔑ろにされていきます。これは自分に対する「軽蔑の言語化」でもあります。

自分の感じ考えていることを大切に言語化しないと、相手に伝えるときにも共生の言語化にはなりません。伝えるときには「どっちでもいいよ」になるので、相手に全てを委ねているのです。自分に対する「支配の言語化」と言える状況です。

自分を気遣える結果になるとは限りませんから、相手の言葉をベースとして関係が作られていき、そこには自分の居場所がなくなってしまうのです。

時には、相手がこれについて不満を言うケースもあるでしょう。相手は人と生きるための言語化をしたいと思っているのに、いつもいつも「私の言葉」を出さずにいる人と関わっていると「あなたと生きていない感じがする」と思われてしまうのです。

一緒に「私たちの言葉」を作って、一緒に楽しんだり、一緒に悲しんだり、違いを大切にしたりしたい人からすると、「なんでもいいよ」と言われることは、時に「私たちの関係を作る営みを、一方に押し付けている」ようにすら思われることもあるかもしれません。

よく考えてみたら当たり前のことかもしれません。「どこに行こうか」「何をしようか」「何を食べようか」「何を話そうか」そうやって私たちの世界を一つひとつ、お互いにとって居心地のよい場所にしたいときに、自分の言葉を言われないと、不安になってくるはずです。

「私たちにとっての楽しみ」「私たちにとってのいつもの遊び」などを片方だけが作るのは不自然です。本当にこれでこの人は喜んでるのかな？　自分に合わせているだけなのかな？　もっと踏み込んで言うならば「どういうことを望んでいるかを当てさせているのかな？」「なんか意見は言わないのにうまく希望してることを想像しなきゃいけないのが毎回面倒だな。普通にやりたいことがあるなら言ってくれたらいいのに……」と、徐々に相手にとっての負担が強くなっていくこともあります。

この場合には、自分が不満をぶつけて関係を遮断する前に「なんか一緒にいても楽しくないんだよね」とか「あなたと一緒にいるとつまらない」と言われてしまうかもしれません。そしてそれを言われて思うことは「こんなに気を遣ってあなたに合わせてるのに、そんなこと言われる筋合いない、酷い！」という怒り、傷つきです。

自分の意見を言ってみることから始める

こんなふうに、気遣って生きているつもりが結果として自分や相手を生きづらくしてしまうことがあります。一体どうすれば人と生きることができるのでしょうか。そのためには、まず自分自身のことを言語化していく必要があります。先ほどのようなシステムで自分を理解してみると、いかに「自分の意見なんて誰も聞いてくれないし、馬鹿にしてくるかもしれない」と思っているかがネックになっているかがわかります。

そう思っている限り、何か意見を言うのはとても怖いことです。しかし、本当にそうなのでしょうか。「自分の意見なんて誰も聞いてくれない」というのは、決して今目の前にいる人とすり合わせた「私たちの言葉」では全くありません。直接言われたわけでないなら「あなたの言葉」でもないでしょう。自分が自分に対してそのように考えているということです。

しかし、それによって結果的には誰よりも自分自身が生きづらくなっているわけです。世界はいつまでも冷たく、自分にとって居心地の悪い場所になってしまいます。もしも誰かと居心地のよい関係を作っていきたいのであれば、人と生きるための言語化に取り組んでみる価値があります。

「どうせ自分の意見なんて誰も聞いてくれない」という言葉をどんなふうに作り変えていくことができれば、生きやすくなるでしょうか。例えば「誰でも自分の意見を聞いてくれるはずだ」というのは明らかに無茶がありそうな気がします。逆の意味で孤独になってしまいそうです。では「自分の意見が通るときもあるし、通らないときもある」だとどうでしょうか。

これを確かめるためには、実験をしてみる必要があります。いつかは自分の意見を言ってみないことには、それが聞いてもらえるのかどうかもわかりません。とはいえあまり大事なことや大きなことでいきなり意見を言うのも怖いので、まずはちょっとしたことからやってみるのがよさそうです。

例えば「あっ、昨日パスタだったから、できればパスタ以外がいいかも……」と伝えてみることは人と生きるための言語化です。一見小さなことかもしれませんが、こういうちょっとしたコミュニケーションこそが、小さく小さく日々の暮らしを作っていく、共生の言語化だと僕は思います。

そう言ってみたら「あっ、そうなんだ！　じゃあ中華にしとこうか」とか「あ、でもこのレストラン、パスタよりピザ推しっぽいよ？」と話が進んでいくかもしれません。冒険はちょっとでよいと思います。たった一言「XよりYのほうがいい」とか「Zはちょっと苦手かも」と、自分のことを相手に伝えることで、初めて「私にとっても、あなたにとっても、居心地のよい言葉」を作ることを始められるのです。

実際の場面においては「嘘、私は逆に昨日中華だったんだよね〜どうしよう！」となるのかもしれません。そこから「そうなんだ、じゃあちょっと遠いけど別の店も探してみようか」となったらこれらはまさに共生の言語化です。

大事なのは、ここで「自分の意見は誰にも聞いてもらえない」というのは、ちょっと言いすぎ（つまり妄想の言語化）だったかもしれない、と理解することにあります。

人はついついつい、今目の前にある現実からではなく、過去の経験を通して作った言葉

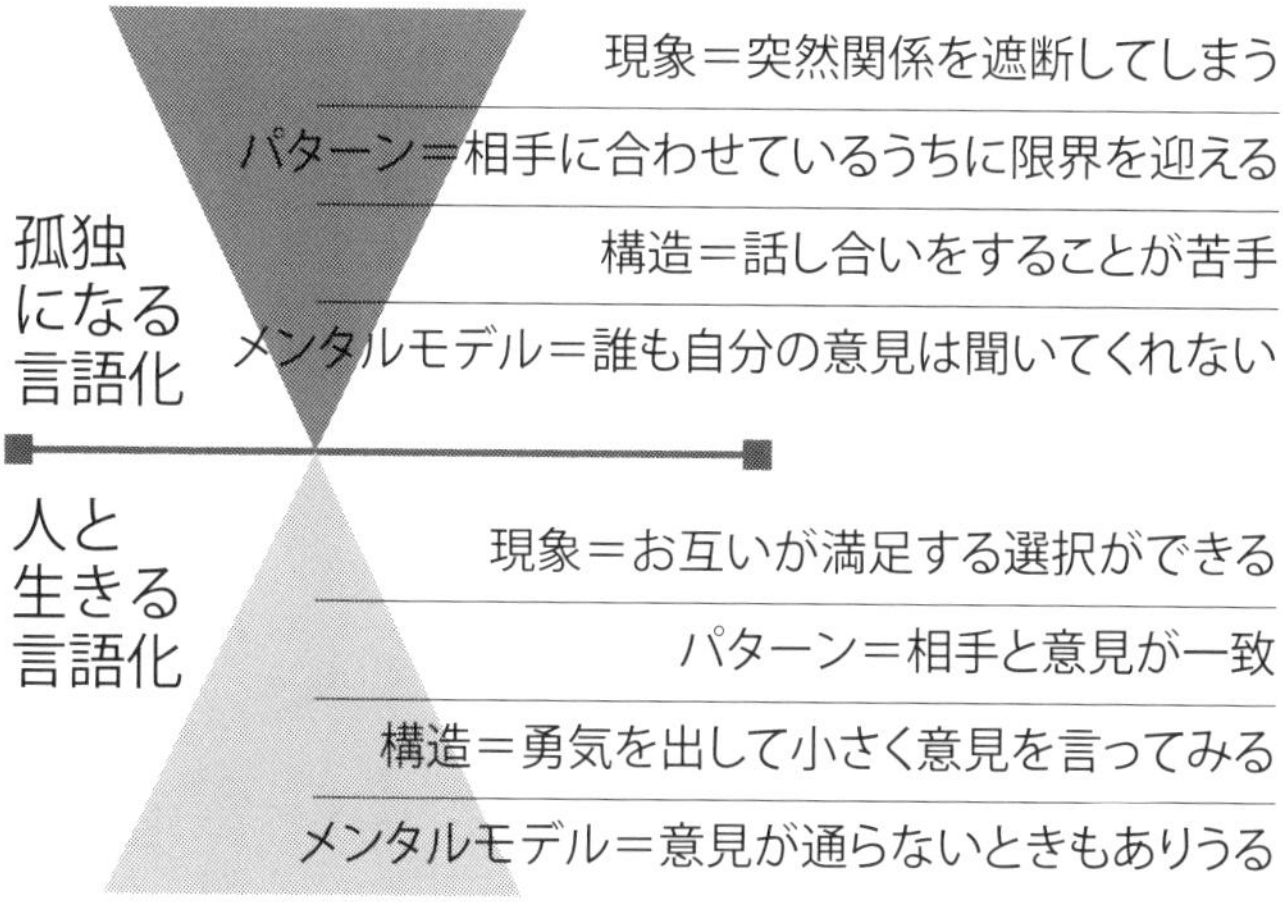

や世界の見方に基づいて、語ってしまうことがあります。

きっとこの人は、違う人との関係性や、生まれ育った環境の中で、あんまり話を聞いてくれない人と一緒にいた期間が長かったのかもしれません。ケース１で出てきたお父さんのように「家族旅行はお父さんが怒鳴るからもう行きたくない」と伝えても「お父さんはお前たちのためを思って旅行に行ってるんだぞ！」と怒ってくる人だったのかもしれません。そんな人と逃げ場ない世界を生きていれば、自分の意見なんて誰にも聞いてもらえない、言うだけ無駄だし、言ったら怒られるかもしれない……そんな不安を抱えながら人と接することは自然なことです。

しかし、ずっとその考え方で生きていると、結局最後にはいきなりキレたり黙って急に関係を遮断してしまい、孤独になることが続いてしまいます。人と生きるための言語化に小さく小さくチャレンジすることで、世界はずっと生きやすい場所になります。

ケース3―自分のことしか考えられない人

続いては夫婦、パートナーシップにおいて「自分のことしか考えられない人」の事例を見てみましょう。ある男性が、パートナーに「子どもとの思い出をたくさん残しておきたいから写真をたくさん残したいの。遊ぶだけじゃなくて、記録を残せないかな？　私はあなたと子どものツーショットを結構撮ってるんだけど、あなたにも時々でいいから撮影してほしいんだよね」と言われました。

男性は「はいはい、わかったよ」と生返事をしながら結局相手に言われるときだけいやいや撮影し、撮影する意欲も低いので、綺麗に撮影することも特になく、適当に撮ったことがわかる写真ばかり残していました。

表情がちゃんと写っていないとか、半目の写真ばっかりだとか、髪型がぐしゃぐしゃなときに限って撮っているとか、食べているものが写っていないとか、記念日のプレートが写真に入っていないなど、パートナーにとってはせっかくの思い出を振り返ることができず、悲しい思いをしていました。

一方で、パートナーはこの男性と子どもの写真をいろいろ撮影していました。テーマパークで楽しそうに一緒にアイスを食べている写真や、二人で手を繋いで歩いている後ろ姿、髪型が風で乱れていたらさっと直して、後から振り返ったときに「これはいい写真だね」と男性も喜ぶ写真です。このような状況が続いているうちに、とうとうパートナーが痺れを切らし始めました。

「子どもが小さくて可愛いうちに、たくさん振り返れる思い出が欲しいって言ってるよね。あなたもそれを楽しんでる。それなのに、あなたは私が頼むときにしか写真を撮影してくれないし、それもいやいややってるだけ。何度もお願いして、そのたびにその時だけ反省したふりをして、結局自分から写真を撮ることってほとんどないよね。私はそれがすごく悲しい」と言います。

男性は観念してようやく言語化をしました。

「自分は別のことを同時にやるのが苦手だから、もしも撮影に集中することになったら、一緒に話したり楽しんだりすることが全然できなくなっちゃう。１００あった楽しみが60くらいになってしまう。目の前の子どもに向き合いたいから、そういうことはしたくない。君は器用だからできるんだろうけど、自分はそういうことはできない」と答えました。

この言葉が引き金となり、パートナーとの関係はぎくしゃくしていきます。三人で遊んでいるときも写真を撮ることは滅多になくなってしまいました。これまでは子どもがぐずってしまったときにはすぐに面倒を見てくれていたパートナーは「それも親の仕事のうち。楽しいときだけ子どもと関わるのをやめてほしい」と言うようになり、男性はイライラして「だって普段から見てるのはお前なんだから、泣きやませるのも母親のほうがいいに決まってるだろ。なんでそんなこと言うんだよ、子どもがかわいそうだろ」と言いました。パートナーは深く深くため息をつくと「もう別れたい」と思わず口にしてしまいました。一体ここでは何が起きているのでしょうか。

相手が払っているコストに無自覚

ここで男性が行っている言動は「撮影をしない、あるいはいやいやしかやらない」になります。言われた後少しはやるけれども、明らかにやる気もないし、それは相手にも伝わっています。

どんなときにこの言動が起きているのでしょうか。このパターンを見てみると、日常や外出のときに、自分が楽しんでいるときだと思われます。「１００あった楽しみが60くらいになってしまう」と言っていることからも、自分の楽しい時間が減ってしまう場面にその現象が起きています。

この背景にある構造はなんでしょうか。実はここには「そもそも、１００楽しめるようにしているのは誰か」についての認識の欠落があるように思います。「ぐずりだしたら子どもを母親に渡せばよい」からこそ、「１００楽しめている」のではないでしょうか。１００楽しめるようにするために、パートナーは何をしているのでしょうか。それは、パートナーの１００をどのくらい減らすものなのでしょうか。そういったことの認識が完全に抜け落ちています。

そして、さらに奥にあるもの、その構造を支えるメンタルモデルはどのようなものでしょうか。それは「自分の損得しか考えない」です。自分にとってどうか、という視点しかないとき、自分にとって嬉しいことが起きたとき、それが何によって支えられているか気づきません。そして自分にとって嫌なことが起きて、誰かに解決を任せて嫌なことを回避できたとき、相手がどんなコストを支払っているのかに無自覚です。

こんなふうに考えてみると、はっきりわかることがあります。それは、この男性が「私たちにとっての居心地のよい場所を作る気がない」ことです。頭ではどう考えているかわかりません。言葉を選んでいるように見えるので、意地悪なことを言いたいわけでもないでしょう。ただ、この人が言っていることは結果的に以下のことを示しています。

まず、この世界をゼロサムゲームだと思っています。ゼロサムゲームとは、どちらかが得をするともう一方が同じだけ損するゲームで、勝負が終わった後に合計が増えないゲームのことです。要するに奪い合いのゲームで、より多く持てるほうがよりよいのですが、そのためには相手に損をさせることになります。そしてそれは仕方ないものだと思っています。

続いて重要な問題は、相手の利益を考えていないことです。もっと正確に言うと「私たち」全体としての利益を考えていません。「私たちの世界」を大切にし、慈しもうと思ったら、相手が何を大切にし、何を大事にしているのかを知ろうとする必要があります。そのために尊重の言語化があります。しかし、「私たち」という単位で物事を考えない人は尊重の言語化をしません。

こういう言い方をしたらもっとわかりやすいかもしれません。「写真撮影をすることによって１００から60に喜びが減ってしまう」ときに、「パートナーの喜びは50から１１０になっているかもしれない」ことです。合計すると１５０だったところから、１７０になっています。つまり、人生はプラスサムゲームであり得るのだと僕は思います。正確に言うと、それを信じ、目指すことこそが、人と生きるための言語化の正体だと言えます。

こう考えてみると、１００から60になるのは「損」ではなくむしろ「得」になります。「損失」ではなく「投資」ということもできるかもしれません。個人で見たら減って見えても、一緒に生きたいと思う人と一緒に考えたら、喜びは増しているからです。

関係はいつもプラスサムとは限らない

少しビジネスっぽい言い方で違和感を覚える人もいるかもしれませんが、基本的な考え方自体はここまで話してきたことと変わりません。プラスサムの関係にならないなら、その関係は終わってよいのです。

ちなみに「自分にとってどうでもいいことを相手に譲ること」は必ずしもプラスではありません。相手にとってもどうでもいいことだった場合には、むしろ「決めるコストを相手に負担させた」状況になることもたくさんあります。普段はなんとも思っていないのに、こういうときに「自分はこういう損をしてあなたに得をさせた」ことを持ち出してバランスを取ろうとする人もいますが、それはずるいと思います。

むしろお互いにとって大事なことなのだけれども、相手のために譲るとき、そこに感謝が生まれます。この人は自分のことを優先してくれた。だから、今度は自分もできるだけ相手に譲ろう、そう思い合える関係は、優しさを、感謝を、交換し合えます。いつもプラスサムとは限らないからこそ、時間をずらした交換によるプラスサムが可能になるのです。

今回の男性は、そもそも相手が我慢した上で、男性に１００を楽しめる環境を作っていることに無自覚です。本当はパートナーだって機嫌のよいときの子どもと遊んでいるほうがずっと楽しいでしょう。パートナーはこんなふうに思っていたかもしれません。

「夫は平日は忙しくて子どもと遊ぶ時間も短いから、せめて週末に子どもといられるときの思い出をよいものにしてあげたい。後から振り返れるように写真も撮って、ぐずったときには私が面倒を見ればよい」と。ここには、一緒に生きたいと願う２人が両方勘定に入っています。それによって自分が損をする部分を、そもそも損だと捉えていません。

しかし、男性から「１００から60になっちゃう」とか「子どもと向き合いたい」という言葉を聞いて愕然とするのです。「じゃあ、私の数字はどのくらいだと思っているんだろう。その40を使うと私がどのくらい嬉しくなるのかを考えたことはあるんだろうか」「楽しくて元気なときの子どもと遊んでればよいことを、向き合うって思っているんだ、そうなんだ……」「私だけが、私たちのことを考えているのだ」と。

それがいかに人と生きるための言語化とは真逆のものであるかを思い知ったとき、パートナーは別れを真剣に考えてしまったのでしょう。怒鳴ることもなく、キツイ言い方をするわけではなくとも、ケアに欠けた、孤独になる言語化は間違いなく存在します。

「自分だけ頑張っている」という隔たりはどう生まれるのか

自分のことしか考えていないうちは、自分のことしか計算に入れることができません。「ごめん、これまで自分のことばっかり考えてきた。適当な写真ばっかり撮ってきて申し訳ない」と伝えるだけでは足りないでしょう。これは単に写真撮影をするしない、という問題を実は完全に超えているからです。「普段、どんなときに自分ばっかり頑張ってると感じるか教えてほしい」とパートナーに聞いてみたらどんな言葉が出てくるでしょうか。

「寝かしつけも夜泣き対応もいつも私がやっているのに、お昼寝をするときにあなたに任せたら子どもより先に寝ていたとき」や「子どもが食べたいものはあなたが買ってあげるけど、こぼしたり、汚したりしたときは私が対応するし、あなたは鼻水とかも放っておいたりするとき」とか「誕生日のケーキのライターは私に持ってこさせるくせに、火をつけるのはあなたで、その様子を動画で撮っているのは私のとき」かもしれません。

一つの問題を見つけたら、同じメンタルモデルや構造を背景として、似た問題が他にも量産されている可能性を想像することが必要になります。今回のように、要するに「自分ばっかりいいとこ取りしてる」ことがたくさんあり得るのです。こうして考えてみると「今までちゃんと写真を撮ってなくてごめん」と言うのは、謝罪としても、これからの対策を考える上でも、あまりにも近視眼的かつ本質を突いていないことが見えてくるように思います。

そんなときに、いつも例に出す話があります。それは「時間軸を長く取る」ことです。家を作ること、綻んだら繕っていくこと、これは一夜にして仕上がるものでは決してありません。長い年月をかけて、少しずつ居心地のよい場所にしていく必要があります。しかし、これまで自分のことばかり考えて、自分の居心地をよくすることにしか関心を持っていなかった人と、これまで二人のことを考えて、二人にとってよい場所にしようとしてきた人とでは、あまりにも大きな「受け取ってきたことの差」があるのです。しかし、時間軸をスクリーンショットのように「今、ここ」に持ってしまうと、まるで「自分のほうが損をしている」「自分ばっかり頑張っている」ように感じてしまうのです。

近視眼的視点では見えない、お互いの時空間軸のズレ

これは恐ろしいことです。自分がどれだけ受け取ってきたかをなかったことにして、今から、これからだけを考えて、勝手に絶望しているからです。むしろ、その絶望をパートナーに伝えてしまったら、パートナーの絶望は二重にも三重にも深まり、取り返しがつかないダメージを与える可能性さえあります。

なぜなら空間・時間ともに認識に大きなズレがあるからです。空間という意味では、「自分だけ」という見方から空間を広げて「私たち」として考えることをしていないズレがあります。

そして、時間という意味では「今だけ」というところから時間を広げて「これまで

とこれから」として考えていないことのズレがあるからです。この2つのズレを思い知らされることは、パートナーにとっては本当に傷つくことでしょう。

多くの場合「今回はどっちかが損することになっちゃうけど、次はどっちも嬉しい選択をしたいよね」とか「前回はそっちに我慢してもらったから、次はそっちが嬉しいことを優先しようね」と、時間的なズレが生じることのほうが普通です。

それなのに「今だけ」しか見ることのできない人は、時間的なズレが生じたときには「自分が今まで受け取ってきたもの」や「相手が我慢してくれていたもの」を帳消しにしてしまうのです。家のたとえに戻るなら、机の上を掃除しただけで家事をした気になっているのです。その机を作ったのは誰か、掃除道具を用意したのは誰か、そういったことがすっぽ抜けてしまうのです。

尊重の言語化を経て、相手の希望に応えている中で疲れることもありますが、それで本当に居心地が悪くなったら関係を終了してもよいのです。しかし、最近自分ばっかり損しているかもと思いそうなとき、そもそもこれまで自分にとって居心地のよい空間だったのは誰のおかげなのか、あのまま自分にとってだけ居心地のよい空間だったなら、いつかパートナーは家を出ていっていたかもしれない。もしそうなっていたら「損」どころの騒ぎではなかったのではないか、と考えることもできるのではないでしょうか。

そうして相手がどんなことを大切にしているのか理解していくうちに、ここだ！と気づいてパートナーとお子さんが幸せそうに眠っている様子を無音カメラで撮影するかもしれません。おしゃれしてママ友とお遊んできた帰りに、服もメイクもぱりっとしているときにお子さんとの笑顔の写真を撮影することかもしれません。子どもがぐずったときにお散歩に行こう！と気を逸らしつつパートナーにゆっくりした時間を持ってもらえることかもしれません。寝起きで日焼け止めを塗るのが面倒なパートナーの代わりに、朝のゴミ捨てをするようになることかもしれません。

しかしそれらも間違っているかもしれません。「こうしたら喜んでもらえるかな」と思ってやったことが、相手に喜ばれないかもしれません。そんなときにいかに「どうせ自分なんてダメだ」「こんなに頑張ってるのに酷い」などと自己憐憫に浸ることなく、相手が喜ぶことをもう一度考えようと思うことに、愛することの本質があります。

そうするとまた、パートナーも男性を「私たちの世界を作ろうとしてくれている」

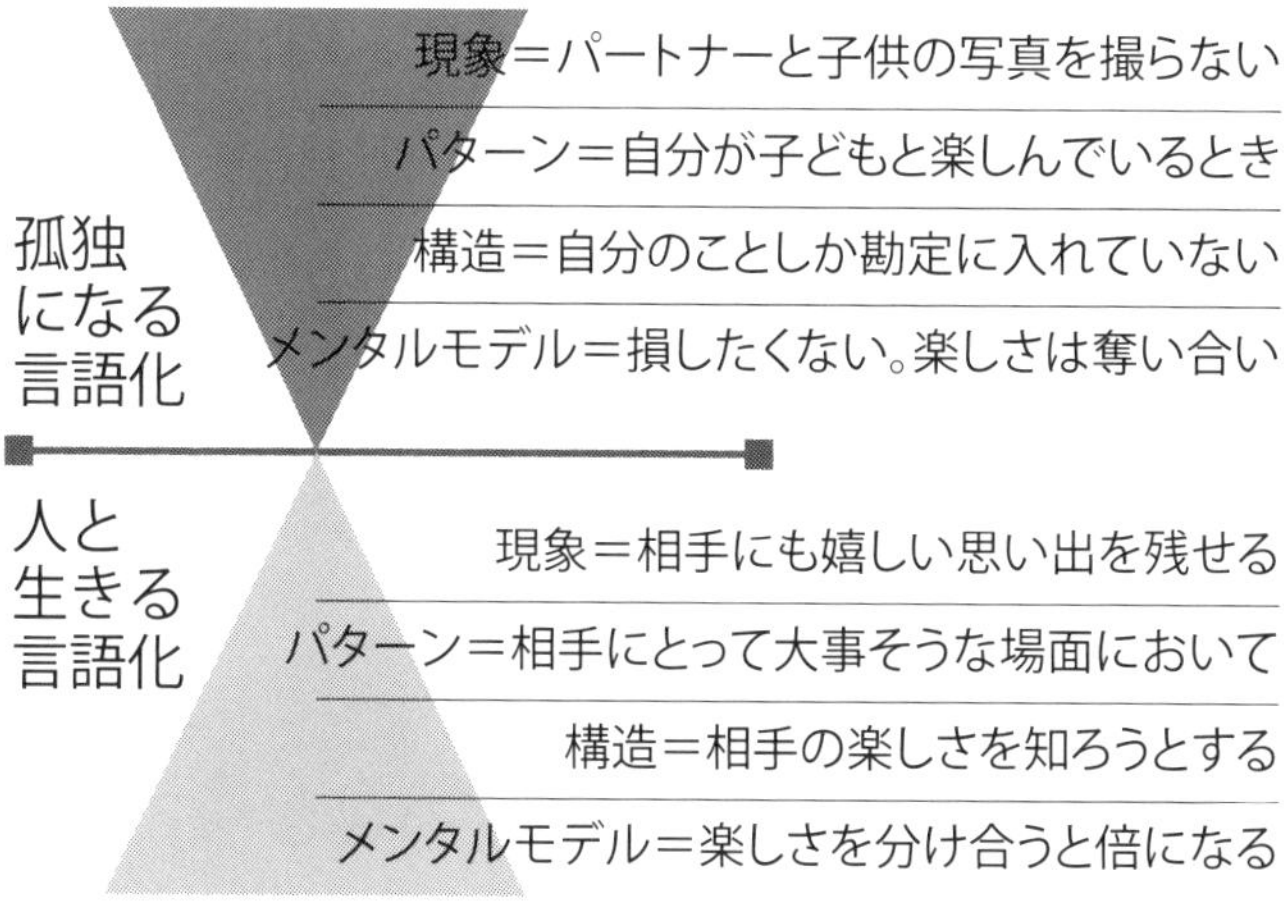

と信頼できるようになり、またパートナーからも共生の言語化をしてもらえることが増えていくことでしょう。

ケース４―他人を見下す人

続いて「仕事熱心で人を見下しているタイプの人」の職場で孤独になる例を見てみましょう。

ある女性は、とても仕事熱心で、口癖は「優秀な人と仕事がしたい」でした。実際、彼女は他の人と比べてパフォーマンスが高く、これまでに成果も出してきました。だからこそ、リーダーとなってチームのマネジメントも担当するように。これまでは個人の成績だけ見られていたところから、チームの全体としての評価も査定に入るようになります。すると、これまでは横目で見ては「効率が悪いのになんでこんなことやってるんだろ、馬鹿みたい」と思っていた人たちに直接指導を開始するようになりました。

「どうしてこういうやり方してるの？　もっと効率よいやり方あるよ。ていうか、改善できるところはないか考えたことある？　こんなんじゃ今期も成績達成できないよね」と追い詰め、チームのメンバーが相談しにくると「こんな簡単なこともいちいち聞かなきゃわかんないんだったら、普段の仕事どうやってんの？」と大袈裟にため息をついてフィードバックし、かといって自分に相談せずに進めている案件を見ると「ちょっと待って、これ聞いてないんだけど。勝手に進めないでくれる？　自分で決められるほど優秀なの？」といった振る舞いをしていました。

彼女は「チーム全体として成果を出したいのに、なぜこんなに頭が悪くて努力不足な人ばかりなんだろう。私は運が悪い」といつもイライラしていました。そんなとき、思わず口に出てしまうのが「優秀な人と仕事がしたい」なのです。

あまりにも成果が低いので、彼女はマネジメントのセミナーに参加して新しい知識を得ます。それは「チームのメンバーが意見を言えるようにして、それを踏まえて意思決定するのがリーダーの役割」というものでした。彼女は勉強熱心なので、早速それを実践しようとします。

「みんな、どんどん意見を言って。どんな意見でも大歓迎だから」と。しかし、やる気がないように見えるメンバーたちは、全く意見を出しません。会議の中で「みんなはどう思う？」とぐるっと顔を見渡しても、みんな沈んだ面持ちで時間が過ぎ去るのを待つようにしています。そうするとまた「ああ優秀な人と仕事がしたい」と思わず口走ってしまいます。意見を言う、そんな簡単なこともできないのかと思うと、頭が痛くなってきます。

「どうして意見一つも言えないの？　普段何も考えないで仕事してるの？　いいチームっていうのはちゃんと意見を出して進めていくってことなの。今日全員から意見出るまで会議終わらないからね」と言うと、名指しで意見を求め始めます。まるで誰かがクラスの委員に手をあげないと帰れない学級会のような、重苦しい空気の中で、ぽつりぽつりと意見が出てきます。

その女性は出てきた意見を一つひとつ勢いよく叩き落としていきます。「それはもう前期試してみてダメだったよね？　覚えてないの？」「もうちょっと実現性考えたアイデア出せないの？」「なんでもいいって言っても限度があるでしょ」「はぁ……優秀な人と仕事がしたい」とため息をついて、このチームのダメさ加減にがっかりします。

次の日、部下の1人が仕事を無断欠勤しました。中途半端に残っていた仕事もあったので何度か電話をしても出ないので、留守番電話には「仕事を投げ出すのは社会人として一番やっちゃいけないこと」と残しました。自分も仕事を投げ出したいときはある。でも、それでもやりきってきたからこそ今の私と立場があると彼女は信じていました。

しかし、その後も部下は出勤せず、しばらくして人事から連絡がありました。部下には精神的な落ち込みがあり、その原因は職場でのストレスであるということで、上長である彼女に事情を聞かれました。

「チームとして成果を出すために、できることをなんでもやっている。最近も意見を出すように何度も促したが口も開けず、ああいう心の弱い人を採用するのもどうかと思いますよ」と、人事に不満を漏らしました。すると、「最近はハラスメントが問題になっているので、女性であってもパワハラには気をつけてください」と言われ、驚いて「正しいことを言っているだけでパワハラになるなんて、ハラスメントハラスメントって本当にあるんですね。今の女性であっても、って発言は逆にセクハラじゃないですか？」と言い返しました。

自分は精いっぱいやっているのに、部下は会社に来なくなって引き継ぎトラブルも発生しているというのに、さらに自分が責められるなんて、こんなに頑張っているのになんて仕打ちを受けたのだ……と傷つき、怒り、反撃するのです。

このようなことが何度か続き、チームのメンバーの退職や休職が相次ぎ、彼女の評価はどんどん下がっていき、左遷されました。職場での立場を失い、職場の友人にも距離を取られ、イライラからパートナーとの関係も悪化し、最終的には休職することになりました。

家族には現状を共有することはできません。父親が「鬱なんて甘えたこと言って、これだから女は。でかい会社に入って調子に乗ってたのに、みっともないな」と馬鹿にしてがっかりした様子で言うのが想像できるからです。母親は「まあまあ」と言いつつ、耳元で「お父さんが不機嫌になっちゃうから、早めに復職してね？」と困ったような顔をしながら言ってくるかもしれません。

就職偏差値がトップレベルの企業に入った時は、父親を見返してやったと鼻高々だったのにどうしてこんなことに……。彼女は「何も考えたくない」と呟いて、今日何度目かの深酒を始めました

「私は人より優れている」というメンタルモデル

「優秀な人と仕事がしたい」という言葉が出てくるとき、一体システムとしては何が起きているのでしょうか。仮にこれをシステムの一番上に置いてみたら、この発言が出てしまうのはどんなパターンが始まったときかを考えてみます。

自分の期待や要求とズレたことの全てにがっかりして、自分は運が悪い、もっとよい成績を出したいのに、チームとしてのレベルが低い……と考える。「自分の考えるやり方以外くだらない、あり得ない」と考えることが、そのパターンを支える構造になっているかもしれません。

そして、そんな構造を最終的に支えているメンタルモデルはなんでしょうか。それを「私はすごい、人より優れている」と考えてみましょう。

彼女はすごいのです。他の人ができないことができます。だから、チームとしての成果も上げられるはずなのに、そうなっていないからがっかりするのです。

彼女は他の人と接していると、常に「自分のようにすごくない人間は、なぜ自分のように振る舞わないのだ」と、半ば矛盾したイライラ、不条理に怒りを覚え、時には傷ついてさえいます。「自分はなんて運が悪いんだ」と。

しかし、考えてみれば「私はすごい、人より優れている」と考えている人にとって、運がいいことなんてあるのでしょうか。他の人ができないことができるのだから、自分と同じように振る舞う人はいないので、常に運が悪いのではないでしょうか。周りには常に不満が溜まって、自分の思い通りにいかないことに苦しむはずです。まさに彼女がやっていることは、妄想の言語化なのです。

そしてきっと自分より優秀な人を見つけたときには、その人の欠点を探すかもしれません。だって「私はすごい、人より優れている」はずだから。そんなことをしているうちに、彼女は孤独に突き進んでいきました。

言語化の観点でこのシステムを捉え直してみると、本当に典型的に孤独になる言語化を体現しています。悲しいのは、この女性はあくまで幸せになろうとして、必死ですごくなろうとして、認められようとして、結果的に孤独に向かっていったことです。順を追って見ていきましょう。

まず目につくのは、「尊重の言語化」が全くできていないことです。尊重の言語化とは「あなたの言葉」を知ろうとし、仮にわからなくとも尊重しようとすることです。これは、共生の言語化の前提となる「違い」を見つけたときに必要になります。今回で言うと「私のやり方と違う仕事の仕方」を見つけたとき、彼女には選択肢があります。「お互いが一緒にやっていける新しい言葉を作る」か、相手の世界を尊重するか、あるいは自分の言葉で相手の言葉を塗り潰してしまうかです。彼女が選択したのは最後の一つでした。

人の言葉を潰すのは、「自分はすごい」世界を守るため

一緒に言葉を作ることのできない人は、相手の言葉を徹底的に破壊します。「なんでそんなやり方するの?」「馬鹿」「ちょっとでも改善を考えたことないの?」「よくこれで今までやってこれたね」などと、相手の持つ「仕事のやり方」という言葉、そ

の意味を破壊していきます。

「なんでも意見を言ってね」はとんでもない嘘です。人は、自分の言葉を破壊する人には、だんだん自分の言葉を共有しなくなります。自分の言葉とは、自分の世界そのものです。それを壊されれば壊されるほど、自分が何をよいと感じ、何に怒り、何に悲しむかといったことすらわからなくなってしまいます。自分がなくなっていくこと、これほど恐ろしいことはないのです。日常的に言葉を壊された人が「意見を言ってね」と言われても、恐ろしいだけです。実際、無理矢理意見を言わされればどれもこれも切って捨て、いっそ切って捨てるために聞いているようでさえあります。切って捨てるたび「やはり自分はすごい」という世界が強固になるからです。

その結果、当然ながら「一緒に」言葉を作ることはありません。いつでも、意見が違うときには、自分が持っている言葉を相手に使わせようとします。「仕事のやり方」とはこれが正解であり、それを選ばないのは間違っているからです。

でも、もしかしたら文章で整理するのが得意な人と、図解するのが得意な人とでは、仕事の仕方が違うかもしれません。後者の人に、むりやり文章のみで整理した書類を作らせると、かえって効率が落ちることもあるでしょう。仕事の目的が共有できているからといって、仕事の方法を同じにする必要は必ずしもありません。
しかし「自分はすごい」と思っている人間は、時に「自分のやり方は誰にでも当てはまる素晴らしいものだ」とか「自分のやり方を採用しないのは馬鹿だ」と考え、押し付けます。そして、感謝を求めるのです。よいものを与えてやったのだから、自分では辿り着けないものを教えたのだから、教えてもらえたことに感謝し、喜んでその方法を採用しないと「おかしい」のです。

これは、典型的な妄想の言語化です。実際に起きている現象を説明する言葉が、間違っているのです。実際には人によって得意なやり方は違うし、力を発揮できる方法も違います。にもかかわらず自分のやり方のほうが正しいと思っているのは、妄想なのです。現実から始めずに、妄想から始めています。その妄想とは「自分はすごい」という妄想です。現実を見てみれば、彼女はすごかったのでしょうか。チームとしての成果も出せず、多くの人の人生を狂わせ、最終的には自分も孤独にしています。

自分と異なる世界の尊重

一体どうすれば人と生きるための言語化ができるでしょうか。それは例えば、自分と違う仕事の仕方をしたときに「そういうふうに仕事をしてるんだ。私と違うけど、そっちのほうがやりやすいのかな?」と尋ねることだったかもしれません。あるいは意見を出してくれたときに、「それは前期に失敗したアイデアと似てるけど、何か作戦があるのかな?」といった応答だったかもしれません。もしくは進捗を共有してもらえたときに「早いタイミングで状況を共有してくれてありがとう」と言うことかもしれません。

これらに共通することは、「相手の言葉」を尊重しようとする姿勢です。相手がどんな理由でそれに取り組んでいるのか、相手にはどんな世界が見えているのか、相手はどんなことを大切にしようとしているのか。

なかなか意見を出しづらい人に対しては「ちゃんと考えてから話したいタイプなのかもしれないから、次から打ち合わせの前に質問を先に伝えておくね。みんなの前で意見を言うのが不安だったら、何度か事前にテキストでよかったら相談に乗るから見を出すことへの抵抗感が減れば、事前の確認も少なくなっていくことでしょう。

　相手はどんなことを大切にしているのか、相手はどんなことを恐れているのか。それを知ろうとすること、それが間違っていたら問い直すこと、それが尊重の言語化です。そしてそれができるからこそ、共生の言語化が初めて可能になります。

　また、現実の言語化を進めることも重要です。例えば「なんで勝手に仕事を進めてるの？　そんなにあなたは優秀なの？」と責めるとき、本当はどんなことが起きているのでしょうか。もしかしたら「チームの成績が下がるのが恐ろしい」「自分がダメなリーダーだと思いたくない」「みんな自分の思い通りに動いてほしい」「なんで動いてくれないの!?」という恐怖、不安で頭がいっぱいになっているのかもしれません。そして、そんな不安を与えた人に対して攻撃的に振る舞っているのです。

　もしもそんなふうに自分を言語化できたら、こう相手に伝えられるかもしれません。「ごめんね、思ったよりも話が進んでいて驚いちゃった。どういう経緯だったか簡単に共有してもらえる？　勢いよく仕事を進めたいタイプだと思うから、水を差すようでごめんね。ただ、ここからの仕事の流れを考えると、このときと、このときに

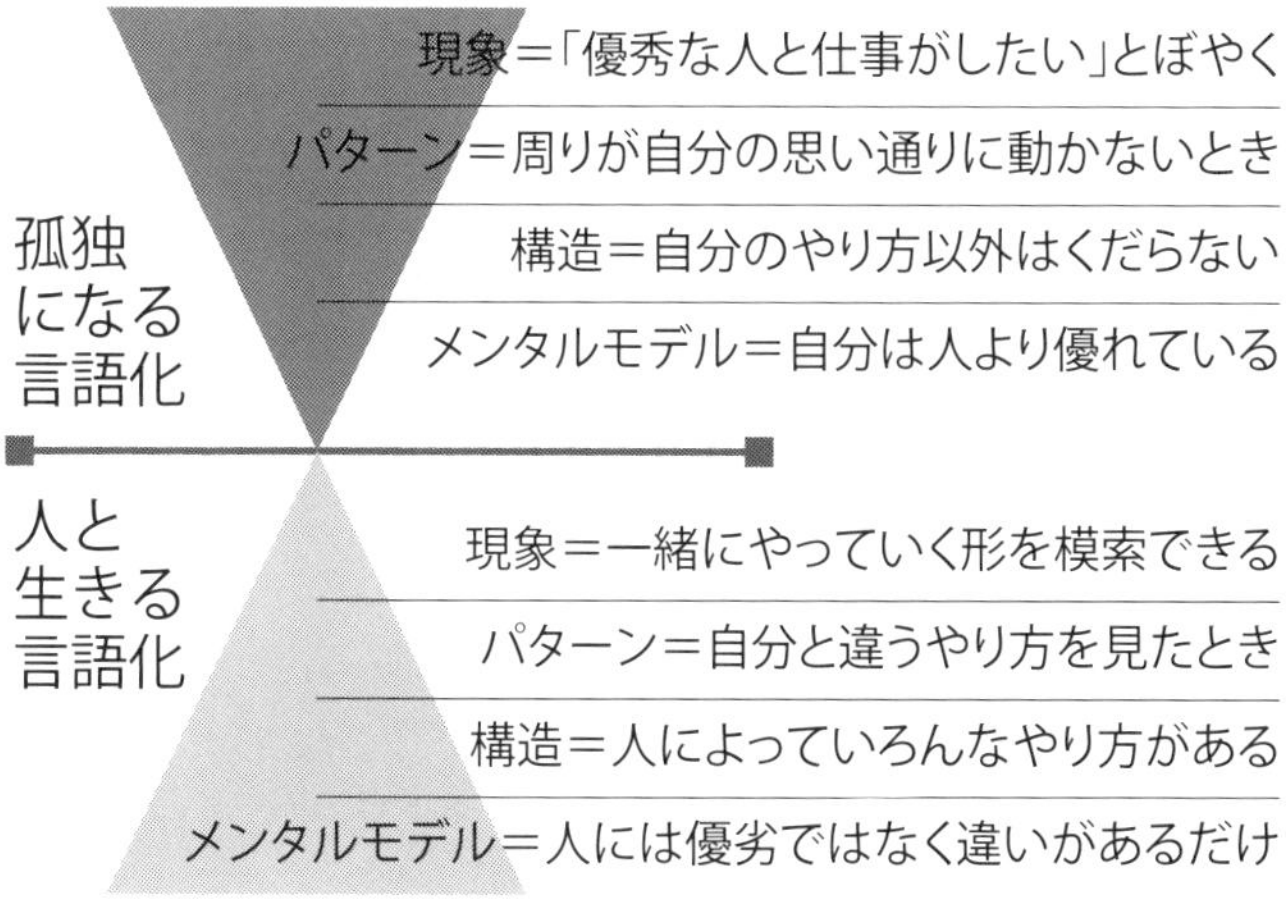

も、事前に状況を共有してから顧客に提案してもらえると嬉しい」というように。

これは最終的には相手の仕事のやり方を変えているかもしれません。しかし、相手がどんなことを大切にしているから、こういう行動を取っているかを想像し、それを尊重しつつ、自分が感じている不安や、次にやってほしいことを明確に伝えています。実際の会話はもっと複雑でしょうが（勢いよく仕事を進めたいタイプかと思ったら、実際には同僚に相談して確認をとっていたから大丈夫だと思い込んでいただけなのかもしれない）、することは概ね同じです。

自分と異なる言動を取る相手の感じ方や

考え方を想像し、それを尊重しようとし、想像や尊重の方法が間違っていたら、また尋ね直し、よりよい方法を一緒に考えていくのです。また、なぜ自分が相手の行動に違和感を覚えたり不安を感じたのかを想像し、それを攻撃的ではない形で伝える。これが共生の言語化です。

孤独と共生を分ける2つの世界観

いくつかの事例を共有させていただきました。中には「自分、これをやってしまっているなあ」と思うこともあったのではないでしょうか。そして「こういうことをされてきた」という人もいると思います。「こんなふうに話せたらよかったのにな……」という人もいれば、「こんな関係だから終了したんだよな、終了してよかった」という人もいると思います。

僕は、GADHAでの活動を通して多くの被害者の方、そして加害者の方のお話を伺っている中で確信していることがあります。それは、こういった加害的なコミュニケーションは、大きなものから小さなものまで無数に存在し、社会全体を覆っており、家族・学校・職場・地域社会・政治などの領域において、一度も経験したことがない人はおそらく存在しないだろうことです。

これらの事例に対して「メンヘラ、境界性人格障害」と言ってみたり「ＡＣ（アダルトチャイルド）」と言ってみたり、「発達障害、ＡＳＤ（自閉スペクトラム障害）っぽいかもね」と言ってみたり、モラハラとかパワハラとかＤＶとか虐待とかマルトリートメントとか、多様なラベルをつけることができると思います。

本書ではこれらをまとめて「孤独になる言語化」と表現しています。ただし、ただそれをジャッジして悪いことだと批判して、それをする人は間違っていると糾弾するのではありません。

孤独になる言語化と、人と生きるための言語化がある。後者を選ぶことが関係を始める前提であり、その責任を果たさないのであれば関係が終わってしまうことは自然であり、別れには合意がいりません。それを知らないで、幸せになりたいはずなのに、孤独になる言語化を繰り返してしまう人はたくさんいます。一体どうしてそうなってしまうのでしょうか。

恐ろしい世界と信じられる世界

先ほどの事例を読んでいると、それぞれ別のケースのようで、実は似通った部分がいくつもあると感じた人が多いのではないでしょうか。

実は、孤独になる言語化には明らかに共通点があると僕は考えています。起きる現象、出来事はさまざまです。ある時には暴言を吐く形を取ることもあれば、ある時には無視、ある時には理詰めで淡々と相手を責める、いきなり爆発する、正しさを主張する、愚痴を聞かない、いろんな形がありますが、その本質はかなり似通っているように思うのです。

孤独になる言語化をする人は「恐ろしい世界」を生きていて、人と生きるための言語化をする人は「信じられる世界」を生きている、と考えることができます。もう一つ具体例を出しながら、このことについて考えてみます。

人は時に、「正しいXX像」を見つけてきて、それを自分に当てはめようとすることがあります。「正しい母親ならこうすべき」「それができない自分はダメ……」と苦しんでしまうこともあります。

恐ろしい世界には「絶対的な正解」と「間違い」が存在していて、正解の側にいなければ人に責められたり、馬鹿にされたり、攻撃されたりします。それは怖いことなので、なんとか正しい側になりたいと人は努力することになります。

自分に「正しいXX」とか「優れたYY」といったものを持ち込む人は、他人にもそれを持ち込みます。そうすると自分のことも苦しめるし、他人のことも苦しめることがよく起こることになるでしょう。

先ほどの例にあったように「いい父親」なのだから遠出の旅行をしないといけないし、それを素直に喜ばない子どもや妻は

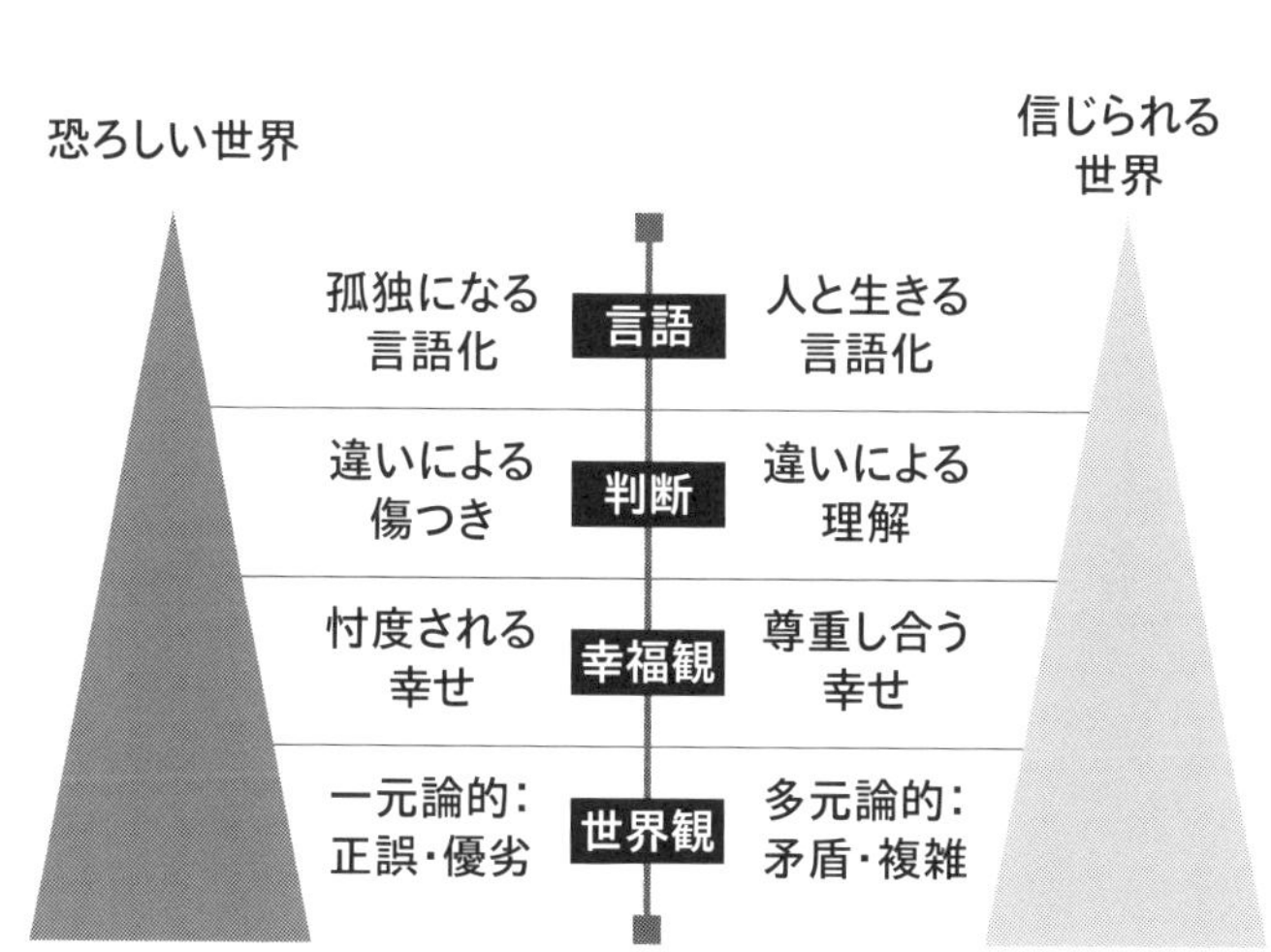

「悪い子ども」「ダメな妻」になってしまう。何か正しいと想像するものがあって、人をそれとの距離の比較で見てしまうのです。減点主義と言い換えることもできるでしょう。

しかも人間同士の関係も上下関係で捉えるので、そうすると「偉いほう、優れているほう、正しいほうが、当然に『私たちの言葉』を決めることができる」と考えるようになります。

例えば「私は母親であなたは子どもなんだから、私の言うことを聞くべき。あなたは何もわかっていない、私はあなたのことをわかっている、これがあなたにとっていいことなの」と言って、習い事を勝手に決めたり、服を勝手に決めたりする場合がそうでしょう。

子どもがその習い事を辞めたいと言っても、「途中で辞めるなんて中途半端はいけない」「やり遂げる力がなくなる」と言って、そもそも「なぜ辞めたいのか」「どんな嫌なことがあるのか」「他にしたいことがあるのか」といったことをまともに聞きもしません。

なぜなら、聞くまでもないからです。意思決定は強いほう、偉いほう、正しいほうが行うのであって、そうでない側の意見を聞くことなど意味がないからです。自分が正しいと思っている人間にとって、相手の意見を聞くのは時間の無駄です。まさに軽蔑の言語化です。

相手の意見を聞くときがあるとしたら、それは「論破」するために行います。論破とは「支配の言語化」の典型例と言えるでしょう。相手がいかに間違っているかを説明し、自分の考えを採用するように要求する行為です。一緒に使える言葉を作ろうとする共生の言語化とは真逆の言語化です。

そしてこのように考える人には共通項があります。それは「相手が自分の言うことを聞かないこと」に対して「自分が下という扱いを受けた」「恥ずかしい」「みっともない」と感じて「傷ついてしまう」のです。

例えば「全身を使ったスポーツがいいらしいから、水泳をしなさい」と言って「やだ、僕はバスケがしたい」と子どもが言うと「なぜ偉くて正しくて優れた自分が当然に決定すべきことに違う意見を言うのか？　自分のほうが上だと思っているのか？」と驚き、「どちらが上かを教える」必要があると考え、「自分は下ではない、言うことを聞かされる側ではなく、言うことを聞かせる側である」ことをはっきりさせようとするのです。

「子どもがやるスポーツ」という言葉、定義を、一緒に作っていくのではなく「やってもいいけどなんにもお金出さないよ?・」「水泳だったら毎週送り迎えするけどね」といったふうに強要するのです。これが孤独になる言語化です。

そして相手が「わかった、水泳をやるよ」と認めれば、晴れて自分が上であること、正しいことを忖度される側であることとしてとして証明することに繋がり、幸福感を覚えます。当たり前です。なぜなら、この二人の関係、家を、自分にとって気持ちのよい家具を1つ置いたようなものですから。自分が「よい」と感じることのできる子どもを持つこと、それは嬉しいことでしょうから。

しかし、その家は「子どもにとって」は生きやすい家ではないでしょう。そこにある家具はどれも自分の言葉を含んでいない、居心地の悪い空間だからです。しかし「母親にとって」は居心地がいい。そんな恐ろしい家になります。

孤独にならないのは「正解」を手放せる人

さて、翻ってみるとどうでしょうか。今度は人と生きるための言語化をする人であれば、こんな状況でどう振る舞うのでしょうか。恐ろしい世界から信じられる世界に移動すると、全く違う世界が広がります。

まず人と生きるための言語化をする人は「人は何か1つの尺度で評価したり比べられない」と考えます。より正しいとか、よりよいと簡単に言えないと思っています。

例えば「水泳がいいと自分は思うけど、この子はバスケがいいと思っているんだなあ」というとき、すぐに「きっとこの子には、自分と違う何かで比較しているんだな」と考えることができます。

先ほどは「全身運動ができる」から水泳がいいと言っていましたが、別にスポーツを選ぶときの基準はそれだけではないでしょう。仲のよい友達がやっているのかもしれないし、最近読んだ漫画で気に入ったのかもしれないし、いろんな理由があるでしょう。

逆に自分に対して「なんで全身運動ができるといいんだっけ？」と問い直すことも

できます。自分というシステムを理解しようとする、現実の言語化です。

自分の正しさを一方的に信じているとき、これはできません。「私がいいと思っているのだから、いいのだ」となります。逆に自分より強い人、例えば自分の父親に「好きにさせてやれ」と言われたら従うしかない、それに反論しても仕方ない。

さて、そんなふうに問い直してみると、実は「全身運動をしておくと、いろんなスポーツを始めるときに有利だ」と誰かに聞いたことを思い出すかもしれません。そうすると次には「なんで有利になることが嬉しいんだっけ」と問い直すことができ、次には「いろんなスポーツが満遍なくできる人って憧れる」みたいな理由が出てくるのかもしれません。さらには「そうなればモテるはず。自分の子どもにはモテてほしい」と考えているのかもしれません。

こう考えてみると「全身運動がいいから、水泳にしなさい」と簡単には言えないように思えてきます。「あれ、これって私がただモテてほしいって思ってるだけだ。そしてそれって、自分が誰かに自慢したいからだけなのかも……」と言語化が進むでしょう。

絶対的基準がないからこそ居心地のよい関係を作れる

というわけで「人と生きるための言語化」をしようとする人は、何かを絶対的に測れる基準がないことを知っているので、自分が何かをいいと思っているときは、なぜいいのかを考えることができます。そして、人はみな異なるので相手がどうしていいと思っているのか、その基準を知ろうとすることができます。

そして、居心地のよい生活とは、それぞれの基準が満たされる関係であり、無理をして自分じゃなくなってしまえば、絶対的な基準がない以上、誰かの基準に従っても苦しいだけだとわかっています。だから、相手の基準を知ろうとするときは、相手を尊重するためにこそ尋ねることになります。

そうすると「どうしてバスケがいいの?」と聞くことができるし、その基準が例えば「この辺で一番強いクラブがあるから!」と知ることができるかもしれません。実は野球や水泳も強いクラブがあるにもかかわらず子どもが知らないだけなら、それを紹介することもできるでしょう。

でも他にもいろんな理由があるかもしれないし、うまく言葉にできないかもしれないけれど、「それでも、なんかバスケがしてみたいんだよね」ということであれば、それを尊重したいと思うことができるでしょう。

背景には「水泳はもろもろ安いけど、バスケはシューズやユニフォームを買わなきゃいけないし、クラブの場所も遠いから送迎も面倒なんだよな……それにバスケしたいって言ってもすぐ飽きるかもしれないしな」といった思いがあるかもしれません。それを自分なりに言語化していきながら、合意できるところを探していこうとすることが重要です。

逆に、何もかも子どもの期待に合わせようとして、自分の居心地の悪い関係になってしまうのも辛いことです。さらに言うなら、なんでも相手に合わせることは、結果として、子どもが人と生きるための言語化を身につける機会を奪っていることでさえあります。

全てを満たせないけれども、満たせられるものについては積極的に尊重する。できないときには「とにかくダメ」とか「口答えしない」といった支配の言語化ではなく、自分がなぜ、そのように考えているのかを伝える必要があります。

何もかも一方的に決めつけるのでもなく、かといって相手に何もかも合わせることでもない「お互いにとって居心地のよい場所」を作ろうとする営みが、人と生きるための言語化なのです。

世界は自分の言動が作っている

究極的には、世界を作っているのは自分自身の言動です。

では一体どんな言葉が言語化に繋がり、どんな言葉が孤独に繋がってしまうのか。これまでのエピソードを踏まえながら、特徴的な言葉をまとめると以下のような言葉が並びます。これらはあくまで例であり、他にも無数の言葉があるはずです。

私たちは生きている中で「なんかこういう言い方って傷つくなあ」と感じる場面があると思います。「同じことを伝えるにしても、もっといい言い方があるんじゃないのかな、そんな言い方しなくてもいいのに」と感じる表現は、きっと孤独になる言語化です。

逆に「ああ、こういう言葉をかけてもらえて楽になったな」と感じることもたくさんあるはずです。きっとそれが人と生きられる言語化なのだと思います。

大事なのは、表にあるセリフは、自分に対しても向いてしまうことです。「そんなこと大したことない」「わざわざ騒ぎ立てるなよ」「馬鹿らしい」「考えすぎなんじゃない?」そんな孤独になる言葉を自分に投げかけていると、だんだん自分の感じ考えることがうまく掴めなくなっていったり、人に伝えることもうまくできなくなってしまいます。

また、人には優しい言葉が使えるのに、自分に対しては絶対に人には言わない言葉

孤独になる言語化	人と生きる言語化
「終わったことを何度も蒸し返すなよ」	「思い出してしまうほど苦しかったんだね」
「大したことじゃない、調子に乗るなよ」	「練習の成果が出せて嬉しかったね」
「無理してやってあげてるのに」	「勝手に良かれと思って暴走してごめんね」
「恥ずかしい、みっともない」	「あなたが大事にしたいことを大事にしてね」
「お前は間違ってる」	「いまどんな風に思ってる?」

を投げつけてしまう人もいて、これもとても辛いことです。人に投げかけられてきた酷い言葉を内面化し、なんとか周りの人にはそれを繰り返さないと決めて頑張るのですが、同時に、自分のことを大切にすることを覚えないと、結果的に無理がきて関係を遮断し、孤独になってしまうことがあります。

違いによる傷つきと違いによる理解

言動の前に判断があります。起きた現象に対して「それをどのように言語化するか」があって、人は言動を選んでいます。その際のとても大きな分かれ道は「違い」と出合ったときに、どんなふうに感じ考えるかです。

具体例を考えてみましょう。一番典型的なケースは、子どもが何か自分の意に反することを言ったときに「生意気だ」と考えるものです。旅行に行きたがらない様子を見ると、なぜそのように感じるのかとか、じゃあ他にはどんなことがしたいんだろうかとか、そんなふうに相手を知ろうとすることよりも先に「生意気だ」と判断してしまうと、何が起きるでしょうか。

まず生じるのは「自分を馬鹿にしている、舐めている、調子に乗っている」という怒りの感情、その背景にある傷つきです。自分は敬われるべき存在であり、感謝されるべき存在であるのに、そうされないことに、怒りを覚えるのです。

自分が「怒っている」と考えることもできるし、それを「感謝してもらえると思っていたのに、そうじゃなくて悲しい。今までやってたことって無駄だったのかと思うと、力が抜けるような虚しさがある」と言葉にすることもできます。

もしかしたら「自分は今までずっとこの子を楽しませていると思っていたのに誤解だったのか、申し訳ないことをしてしまったな。自分に付き合わせてしまっていたかもしれない」と考えることもできます。

同じ現象に対して、これほどまでに言語化の幅があります。人と生きられる人と、孤独になる人は、同じ経験をしたとは思えないほど違う言葉で世界を表現することがあります。

「自分に付き合わせてしまっていたかもしれない」と判断する人は、人と生きるための言語化ができていると多くの人が思うと思います。この人はきっと、「自分も相手も生きられる居心地のよい関係」を作ろうとすることが予想されるからです。

そして、そのためにきっと子どもに「じゃあどこに行ってみたい?」と聞くかもしれないし、「えー、旅行楽しんでると思ってた! 俺に付き合わせちゃってたんだね、ごめん」と謝るかもしれません。そこには、過度な自己嫌悪や自己憐憫もなく、自分の思い通りにさせようとする支配の意図もありません。これが「生意気だ」とか「馬鹿にしている」と言語化すれば、孤独に向かっていくことは明らかです。

この背景にあるのは、「自分と相手の見える世界が違ったときに、傷ついてしまうか、それとも相手を理解するためのチャンスにするか」の違いなのです。

それは「尊重の言語化」を通して「現実の言語化」をし、「共生の言語化」へと向かおうとすることです。人と生きていくためには「違い」に傷つくのではなく、「違い」から相手をわかりたいと思える力が必要になります。

孤独な人は、相手に気を遣わせることに幸せを覚える

この「違い」に傷つくかどうか。それは幸福観にヒントがあります。孤独になる言語化をしている人たちに共通している価値観の一つが「忖度される側が幸せだ」です。

人間の価値はいかに「相手に気を遣わせるか」、いかに「自分の意見を通せるか」で測ることができると考えています。逆に気を遣うこと、自分の意見を曲げることは、負けること、劣っていることで、恥ずかしいこと、弱いことだと考えます。言い換えると、いかに世界を「自分の言葉だけで作れるか」こそが人生の価値を決める、と考えています。

しかしそんなことはやはり不可能なのです。それは砂上の楼閣です。相手の言葉を尊重せずに作った世界では、相手は生きていけず、その世界から必ず出ていきます。そこに残るのは孤独な一人です。そこにはもう、気を遣わせる人もおらず、意見を通す必要のある他者もいません。

そしてこのような人は、その現実自体を認めないこともよくあります。自分は強者のはずであって、気遣われる側の人間であるのだから、これは「現実のほうがおかしい」と考えるのです。現実から学ぶのではなく、現実のほうがおかしいと考えて、そちらを変えようとする。これはまさに妄想の言語化です。

この考えに浸っていくと、例えば「相手が出ていくのはおかしい。誰かの入れ知恵ではないか?」とか「相手は本当は自分といたいはずなのだから、何か勘違いをしているのかもしれない。話せばわかるはずだ」と執着することもあります。関係の終了を受け入れることができず、妄想の世界で生きることになるのです。

「忖度されるほうが幸せ」という価値観をそのままに、全く逆のコミュニケーションに進むケースもあります。それは、自分が下で、劣っていて、弱いので、相手の言うことを聞かなければならない、自分の意見や考えなんて話してはいけない、伝えてはいけない、と思ってしまうということです。

こちらの場合は、いかにして「相手にわざわざ命令されるまでもなく、相手の要求を想像し、それを満たすか」を常に考えることになります。そしてそれをする限りにおいて、上下関係を前提として、一緒にいられるという世界観です。

しかし、これもとても苦しいことです。自分の言葉は全く採用されず、相手の言葉でばかり世界を作っていって、最終的には自分にとってものすごく生きづらい環境になってしまうからです。

そして往々にしてこのように考える人は、逆に自分が上だと思う立場になると一気に横柄になります。よく漫画のキャラクターで描かれるように「上には媚びて、下には横暴な人」になります。上にぺこぺこする人ほど、下がそうしないことが許せないのです。だからこそ、自分より下だと思っている人が、自分にぺこぺこしないことに痛み、傷つき、怒りが湧いてきて、間違っているから指導してやろうとしてしまうのです。

孤独な人は、ヒエラルキーの世界に生きている

このように、「上」であることは気遣われること、それが幸福、よいこと、そんなふうに考える幸福観の背景には一元論的な世界観があります。一言で言うと、それは「比べることが可能」とする考え方です。

すなわち孤独になる言語化とは「世界に

一元論的な世界観

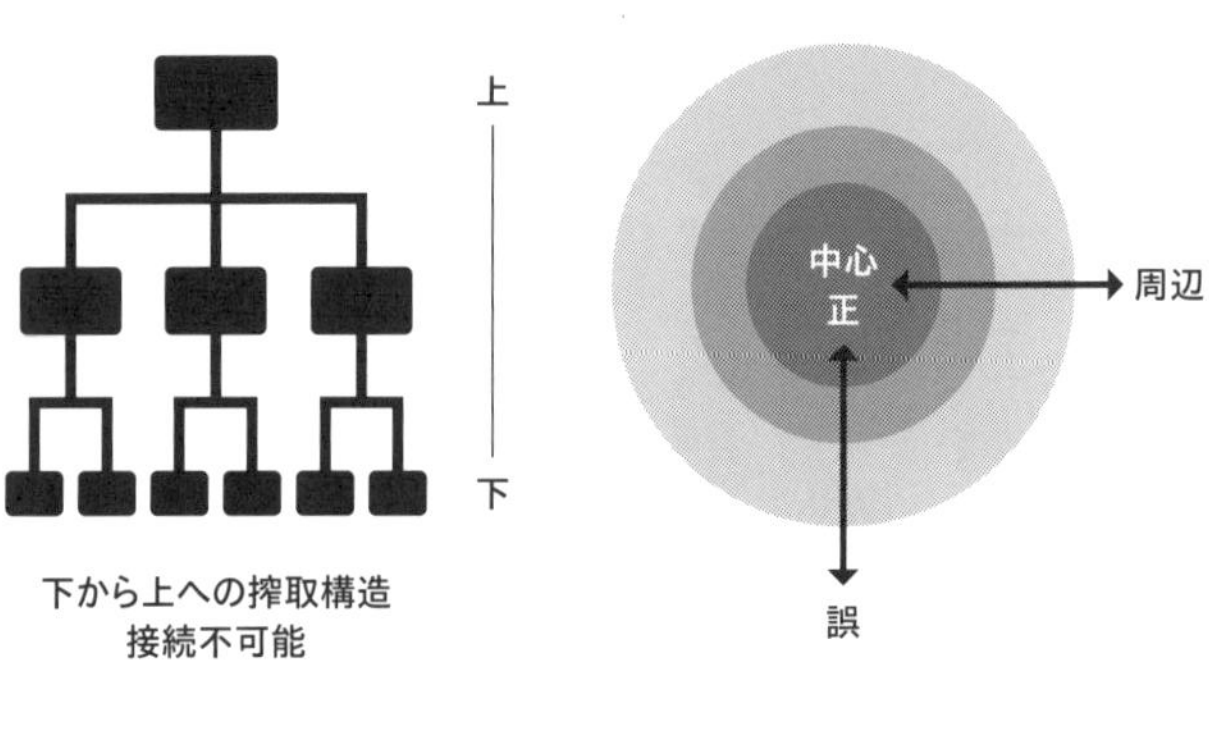

は序列があり、下の人は上に忖度しなければならない」思想の上に成り立っていると考えられるのです。正しいとか正しくないとか、優れているとか劣っているとか、上か下か、そんなふうに世界を捉えています。このように、何かを簡単にヒエラルキーに落とし込めると考える世界観を「一元論的な世界観」と呼びましょう。

一元論的な世界観は、前頁の図で示すように二つの属性を持っています。その一つが左側、上下世界観です。「縦割り」という言葉もここに当てはまります。「上」の人間が「下」の人間に忖度させる、何も依頼をせずとも察してケアをさせ、その労力を搾取する仕組みができています。

この考え方の1つには家父長制もあります。父親が、男性が偉く、子どもや女性はそれに従属する立場である、といった考えです。孤独になる言語化をする人は、こういった世界観を内面化しています。

また、典型としては軍隊が、そして職場もこの状況になりやすいと言えるでしょう。軍隊の場合には勝利が、職場においては利益が、あらゆることを評価可能な基準として機能するからです。少し趣を変えれば、人間を偏差値によって評価できてしまう仕組みとしての受験制度も、本来は多様な見方ができる人間を一括して数字を含む序列に落とし込むことの暴力性があります。

そして、一元論的な世界観には図の右側のようにもう一つのパターンがあります。世界を上下で捉えてはいませんが、その代わりに中心と周縁がある考え方を持っています。「正しい」か「正しくない」かで世界を見ており、「正しくない」ほうは間違っていて、正され、よりよいほうに向かうべきだと捉えます。自分はできるだけその中心にいることで「正しさ」と一体化したいという理想像があります。

世界も人間も多元論的である

しかし、現実の世界には、「正しい」「間違っている」とか「強い」「弱い」以外に「異なる」ことがあります。正確には、そう言語化をすることによって、人と生きることができると僕自身は思っています。

異なる正しさ、異なる価値があるという見方に基づくと、価値の円は無数に存在します。色も大きさも違います。個人の中にも世界の中にも、異なる価値が同時に存在していて多元性がある。そう考えることが、人と生きるための言語化のために最も根本的な考え方です。

どんな人にも、それぞれの素晴らしさ、たくましさ、強さ、頼りになる部分、役に立つ特技、優れている長所、たくさんの要素があると思います。同時に、弱さもあります。みっともない、ずるい、恥ずかしいところも、至らないところもある。どうしても苦手で、人に言われてもうまくできないこともあるでしょう。

さまざまな相反するものが一人の中に両方存在するのです。人間は、根本的に矛盾をはらんだ存在です。自分のことでさえ多元的で、一言では述べられない存在だと認めることは、他者もまたそういった矛盾をはらんだ存在だと理解することでもあります。

つまり一元論的な世界では当たり前に行っていた「比べる」ができないのです。比べることは、人を何らかの事前に決まった固定的な役割の枠にはめ込むことを意味しています。例えば「男はこうあるべき」などのジェンダーを役割とみなして、それを立派にこなしているかどうかで比べます。「素直な」「元気な」子ども、「言うことを聞く」部下、「献身的な」母親なども勝手に期待される役割です。しかし、実際には人は1つの役割に閉じ込めて理解できる存在ではありません。目の前の相手にはこんなに素晴らしいところも、何かができないところもある。とても優しいこともあれば、薄情なこともある。辛いときには誰かを責めてしまうこともあるけれど、心から誰かを大切にしたいとも思っている。目の前にいる人は、そういった相反する、矛盾をはらんだ他者なのです。

人は、単一の完璧な存在にはなれません。けれどもその中で、こうした複雑で、矛盾を抱えた私たちとして一緒に生きていくことは可能です。完璧な関係はなくとも、一緒に生きていける関係を模索し続けていくことはできるからです。

「私たちの家」には風通しの悪いところがあるかもしれないし、雨漏りしやすい天井があるかもしれません。でも、一緒に雨漏りを直すこともできるかもしれないし、バケツを置くこともできます。どちらか一方だけがそれらを繕うのではなく、一緒に生きていく家を、一緒に生きやすくすることができるはずです。

この現実を理解することができないと、「それは間違っているからこうするべき」「この正しさのほうがよりよいものだ。だからこの価値観をこの世界の全てに浸透させたい」と考え始めてしまいます。現実世界の多元性を許せなくなってしまうと、自分と違う考えを持つ人を許せなくなってしまうのです。

これこそが孤独になる言語化の本質です。自分が一番上、あるいは中心の存在として君臨し、自分の思い通りになる場所があると思い込んでいます。でも、現実には、そんな場所はどこにもないのです。

「信じられる世界」は綺麗事なのか

「信じられる世界」はどうにも綺麗事のように聞こえてしまうかもしれません。そんなふうに生きられたらいいけど、社会は実際にはそんなに甘くないよ……と。

でも本当にそうなのでしょうか。ここまで書いてきた通り「世界がどんなふうになっているのか」「どんなことを価値、幸福だと思うか」「違いをどう受け取るか」「どんな言動をするか」は全て繫がっていることを明らかにしてきました。

人と生きるための言語化をしたいのであれば、世界の捉え方自体を言語化し直す必要があります。現実はいかようにも捉えることができます。もしそうなら、世界を作るのは自分なのです。自分が多元的な世界を信じることができれば、価値観も変わり、自分と違う意見を持つ人を見たときに、相手をコントロールしたり、逆にその下に従ったりへりくだったりせずに、一緒に生きていける世界を作ろうとできるのです。

少し強い言い方をするならば、「甘い」のはどちらなのでしょうか。甘いのは「現実は厳しいよね」と嘯いて、結局は孤独になる言語化を選び続けるほうなのではないでしょうか。世界を信じること、自分の言動を変えてみること、もしかしたら一緒に言語化ができるかもしれないと勇気を持って挑戦すること。こちらのほうがずっと怖くて、難しくて、大変なことなのではないでしょうか。もしかしたら裏切られるかもしれない、自分だけ損をするかもしれない。それでも、人と生きるための言語化を選ぶ勇気を持つことこそが重要なのです。

でも、そんなことを言われても困りますよね。そっちの考え方のほうがいいと仮に思えたとしたって、自分を変えるのはものすごく恐ろしいことです。私たちの中にはまさに、親をはじめとした、職場、同僚、友人などさまざまな他者から受け取ってきたものが色濃く染み付いているのです。

- 「こうしたほうがいいとわかっても、なかなか勇気が出てこない
- 「綺麗事のように思えて、なんだかリアリティがない

そんなふうに感じる人も多いでしょう。次の章では「そもそも、今世界を信じられていない理由」を明らかにしていきます。

Q

定期的に、友達関係を全てリセットしてしまいます。そのときにはスッキリするものの、このままいくと自分はいつまでも長く続く友達ができないのかと思うと怖くもあります。

A

定期的に人間関係を全てリセットしたり、関係を遮断してしまう人は、長く続く友達を持ちづらいと思います。これまでと同じことを繰り返せば、これまでと同じことがこれからも起きます。

では「これまでと同じこと」とはなんでしょうか。リセットしてしまう理由はさまざまですが、その一つに「人間関係のほころびを小さなうちに修正する力」が不足していることがあります。

例えば自分がされて嫌だったこと、言われて嫌だったことを「このくらいで傷ついて何か言うと面倒くさいと思われるかもな」と我慢して相手に何も言わないのが典型的です。

そうすると段々居心地が悪くなります。人によっては「決まったキャラを演じることに疲れて全部リセットしたくなる」と表現します。それは「自分は嫌だと感じているのに、相手はこっちが喜ぶと思っていて、嬉しいふりをしないといけない」状態です。

それは辛いことです。定期的に嫌になってリセットしたくなるのも自然です。相手が望んでいるのは自分ではなく、自分が演じている人間ですから、自分という人間の輪郭を削り続けているようなものです。

そんな関係を変えるためには、自分の素直な感情を共有したり、その素直な感情を尊重してもらえるよう依頼をする必要があります。「今の言い方ちょっと嫌だったかも。今度からはこういうふうに言ってもらえると嬉しい」といったように。

リセット癖のある人は、誰かにお願いすることを強く恐れていることがあります。その裏にあるのは「自分の価値がないと思い知らされるので断られたくな

Q 定期的に、友達関係をすべてリセットしてしまいます。

い」とか「馬鹿にされたり茶化されるかもしれないから弱さを見せたくない」といった不安です。

そして、これがさらに翻ると「いきなり距離を詰めて自分の全てをわかってもらえるかどうか確かめて、そうじゃなければいきなり関係を遮断する人」になったりします。ほころびを修正できないから、いっそ完璧を求めるのです。

自分を変えてでも一緒に生きていきたいという気持ちは、お互いの傷つきを小さく繕い続けてきた信頼から生まれます。リセット癖があったり、すぐに関係を遮断する癖があると、この信頼を誰とも積み重ねられません。

必要なのは、自分に素直になる小さな勇気です。そして、相手が示してくれた小さな勇気、小さなＮＯに誠実に応答することです。小さく小さく、ちょっとしたことから不満や嬉しいことを分かち合うことで信頼が生まれ、お互いがお互いのために変わっていける、変わっていきたいと思える関係を作っていけるようになります。

第3章

生き延びるために
孤独を選んだ人たち

3

第1章では言語化とはそもそもどういうことかについてまとめ、第2章では「孤独になる言語化」と人と「生きるための言語化」のケースを紹介し、「恐ろしい世界」と「信じられる世界」という大きく2つの見方があること示しました。

この第3章では、一体何があって彼女ら彼らはそのような世界の捉え方をするようになったのかを考えていきます。生まれたばかりの赤ちゃんのときにはなかったであろう考えは、いつどんなふうに身につけていったのでしょうか。

ここまで読んできた中で、薄々感じていた方も少なくないのではないかと思います。端的に言って、孤独になる言語化をする人は、それしか知らないのです。

いわゆる虐待の連鎖、DVの連鎖といった現象は、こう理解できると思います。GADHAのメンバーと話していて驚くほど共通していて、かつ本当に悲しいのは、彼ら彼女らがよく「人はどうせ裏切る」とか「強く振る舞わなければ搾取されてしまう」とか「優しくするとつけあがる、調子に乗る」「能力が高くなければ馬鹿にされる、恥ずかしい」といった非常に強い信念を持っていることです。

「孤独な人を救ってあげたい」の危険性

まず、とても重要なことについて書いておきます。孤独になる言語化をしてしまう人によって傷つけられた人も本書の読者である可能性があるからです。

人と生きるための言語化が苦手な人は、生まれ育った環境の中でさまざまな理由によって言語化を抑圧され、難しくさせられてしまっています。「わがまま」「甘えるな」「調子に乗るな」と。あるいは「過干渉」を通して、言葉を奪われてしまったり、逆に、だからこそ言葉を奪われないために攻撃的に振る舞うのです。それは僕自身もそうでした。今も決してそれがゼロになったわけではありません。モラハラやDVの被害者の方の中には「この人は可哀想な人、助けてあげたい」と思い、結果として被害が長く続いてしまうことがありますが、それはまさに「加害者が持つ傷つき」を察知しているからだと思います。

しかし、忘れてはいけないのは被害者自身の「傷つき」もまた同様に事実であり、自分を大切にすることなしには、誰の傷も癒せないことです。

自分を大切にすることができる人だけが、相手を大切にすることが可能です。そうでなければ持続的な関わりにならず、結果として一緒にいられなくなり、相手は「また裏切られてしまった」と傷つきを重ねてしまうのです。

これは対人援助の文脈では「燃え尽き症候群」と称されることとも似ています。「援助者のための援助」が重要だとされるのは、誰も誰かのことを変えることはできないにもかかわらず、そうできるかもしれない、そうしたいと思って、支えられないものを支えようとしてしまって燃え尽きてしまう人がたくさんいるからです。

仕事で関わる人でさえこうなってしまうのですから、親子関係やパートナーシップなど、より距離が近い関係で、人の変容を支えることは極めて難しいことです。できることを、できる範囲でしかしないことが、人と生きるためには重要なのです。

むしろ持続不可能なほどの努力こそが、最終的には自分のことも相手のことも傷つける結果になってしまう。これはものすごく残酷なことだと思います。

僕もＧＡＤＨＡの活動の中でこれをしてしまったことがあり、深く後悔しています。「これだけ手助けしているのに、どうして変われないんだ」と責め、ちょっと変化が見えると「よかった！　そうだ人はやっぱり変われるんだ!!」と過剰に喜び、喜ぶがゆえに、また揺れ戻しで相手が加害的な振る舞いをするのを見たときの失望が生じ、失望がゆえに相手を傷つけてしまう。最後には「もうこれ以上関われない！」と切り捨てるコミュニケーションを選びました。期待と失望によるコントロール、恥の感情を与える関わり、どれもが恐ろしい加害でした。

第三者であり、変化の支援をしたいという気持ちで関わっている場面でさえ、簡単に燃え尽きたり、自分をコントロールできなくなって攻撃的になってしまうのですから、人の変容を支援することは本当に大変です。被害者には加害者の変容を支援する責任も義務も決してありません。

まず誰よりも自分を大切にする。自分と共に生きる言葉を紡いでくれる人との関係を大切にする。自分を大切にすることの中には、自分を大切にしない人との関係を終了することを含む。それを自ら選んでよいと考えることができる。そういったことが、加害と被害の関係がある際には、とても大事なことだと思います。

究極的には、そこに加害-被害の枠組みを使う必要も必ずしもないかもしれません。ただ一緒にくつろげる世界を作れる人とは一緒にいたらいいし、そうできない人とは関係を終了したらいいと考える原則には、「どちらか一方が加害者で、どちらか一方が被害者」という区分が不要だからです。

決して人を傷つける人を免責したくて言っているのではありません。仮に自分が過去に傷つけられてきたとしても、今、目の前の人を傷つけていいとはなりません。

それでも、どうにもならない関係は終了していい

一方で、人と生きようとする人間が持つ責任を果たさないときに「それができるようになってほしい」と願い、伝えること自体は、加害ではありません。

とても多くの方が、これに悩んでいます。相手を「モラハラ」「愛着障害」「パーソナリティ障害」などと呼んで変わらせようとすること自体が、むしろ支配の言語化なのではないか、と不安に思う方もいるのでここに明記したいと思います。

「私は、あなたと一緒に生きていきたいと思っている。関係はどちらから終えてもよいという前提で、だからこそお互いを大切にし合いたい。あなたの感じていることを知りたいし、私の感じていることも知ろうとしてほしい。どちらか一方が譲り続けたり、我慢し続けるのではなく、受け取っているものを認め合って、ずっと一緒にいた

いと思える関係を作っていきたい。私も完璧ではないし学び続けていこうと思う。あなたにもそうしてもらえたら嬉しい。具体的にはこういう考え方が私の理想の関係に近くて、よかったらこのサイトや本を読んでみてほしい」

ただ、このメッセージを伝えるには怖いことがいくつかあります。一つは「頑張って丁寧に伝えたのにやってもらえなかったら、相手は自分と生きていきたくないいんだ、自分には価値がないいんだ。それを確かめるのが怖い……」という不安です。

この気持ちはとても自然な感情です。ただし、これを伝えたいと思っているときは、もう自分が傷ついているときだと覚えておく必要があります。このままいくと自分の生きていける関係ではなくなってしまい、距離を取らざるを得ない状況のはずです。相手と一緒に生きていきたいと願うからこそ、伝えることに意味があるのです。

そして結局のところ、相手が自分と生きていくために変わりたくないなら、そういう人から離れることこそが、自分を大切にすることです。「私たちの言葉」をいくつも積み重ねて、安心してくつろげる関係を持つことが幸福な人生です。

もう一つの恐怖は「そんなことを伝えたら相手から自分の悪いところ、至らないところを色々言われて反撃されそうでとてもじゃないけど言えない」あるいは「そういうことは、どんなに丁寧に伝えても、私が全部悪いね、私なんかいなければよかったね、でも自分はどうしようもなくて、生きてる価値なんてないよね……と落ち込まれて罪悪感でいっぱいにさせられてしまうから言えない」そんな恐怖です。

強烈に反撃してくるにせよ、過度に落ち込まれて罪悪感を刺激してくるにせよ、どちらもまさに「孤独になる言語化」をする人だと言えます。あなたの傷つきや幸福ではなく、自分のことにしか目を向けられない人たちだからです。

それでも最後に区切りとして上記のメッセージを伝える人もいるでしょうし、伝えることなく関係を終了する人もいます。そもそも関係は自由に終了してよいものであり、それを選んだ理由を相手に伝える必要もないと僕は思います。

また、他には「わかった、色々教えてほしい。変わるよ」と返事はしてくれるものの、実際には行動に移さないか、移してもすぐに忘れてしまう場合もあります。「何度か伝えているのですが、なかなか難しいようで、段々と自分もキツイ言葉で伝えることになってしまい、そんな自分が嫌になってきました……」というケースです。

人は何かを一度言われたくらいで簡単に変わることはできませんから、相手に期待して信頼してまた裏切られて……というループが続いてしまうことがあります。そんなとき、とても大切なことがあります。それは「自分を嫌いになってしまう前に、関係を終えてもよい」ということです。

孤独になる言語化をする人と関わっていると、無気力になったり、感情が平板になったり、依存症になったり、攻撃的になってしまうことがあります。そうしないと、自分を守れなくなってくるからです。どれも「昔の自分はこんな感じじゃなかったのに」と自分を責めてしまうことがあります。

「どうして何度言ってもわからないの!? 何回も信じさせられて、そのたびに裏切られて！ あなたは口ばっかり、どうせ○○だから無理なんだ。信じた自分が馬鹿だった!!」と相手を罵ってしまい、罵っている自分が嫌になる……そんな状況です。

人が学び変わることを近くで見守り支えることは、プロフェッショナルでさえ難しいことです。ですから「自分を嫌いになってしまう前に、関係を終えてもよい」ことはいくら強調しても足りないと思っています。

もちろん自分が信じられる範囲で信じることも、決して間違っていることではありません。同じ悩み・境遇の人と愚痴をこぼしつつ、相手を見守ることもできます。

しかし、「この人と一緒にいると自分がどんどん醜くなっていく。結局、相手を変えようとしている自分が却って悪者なのではないかと思うようにすらなる」ところまできていることに気づいたら、自分自身を幸せにするために、距離を取ることも常に選択肢にあることを覚えておいていただけたらと思います。

孤独になる人は、何を学習してきたのか

孤独になる言語化を身につけている人は、その人自身がそのように関わられてきた養育環境や経験があり、そこで生き抜くための知恵として必死でそれを身につけてきたと僕は感じています。生きてきた中で学び身につけてしまうことについて考えるために、わかりやすいエピソードを紹介します。

ある人が、子どもの頃育った環境では、家の鍵をかけませんでした。他の家の人たちも特に鍵をかけず、気軽に声をかけて家に入ることができました。外出の時にさえ鍵をかけないのですが、特に泥棒が入ることもありませんでした。

しかし、大人になって引っ越した先では、家の鍵をかけずに外出すると、必ず金目のものが盗まれました。なので、その人はものを盗まれたくないのでその人は家の鍵

をかけるようになりました。

これを学び変わることだと考えてみましょう。そう考えてみれば「人は変われない」言説は明らかに間違っていることがわかると思います。別の例を出してみましょう。

ある人が、子どもの頃育った環境では、弱音を吐くと「そのくらい大したことじゃない。いちいちナヨナヨしたことを言うな、みっともない」と言われていました。

そこで、だんだんとその子は弱音を吐いてもむしろ傷つけられてしまうことを理解し、弱音を吐かなくなりました。

しかし、大人になって仕事をしていると「辛い時には早めに相談してね」と言われます。長年自分の困ったことを人に話す習慣がなかったので、うまく相談できません。

また、部下の愚痴や悩みを聞くこともうまくできません。そういう弱音を聞くと、よかれと思って「そんなこと言っているとみっともない」と言ってしまいます。

いつのまにか業務過多になっていてもそれを相談することはみっともないことだと思ってしまい、最終的には鬱になってしまいました。

人はみな、ある状況において適応的な反応をすることで生きやすくなります。同時に、それが他の状況でも役に立つかどうかはわかりません。むしろ、自分を生きづらくしてしまうことも少なくありません。

孤独になる言語化についても同様です。これまで生きてきた環境の中で、それを身につけなければ傷ついたり、損をしたり、困ってきたからこそ、その能力を必死で身につけてきたのです。そう考えてみると、今の生きづらさについて「そういうことだったのか！」と理解できることがたくさん出てきます。

ここではトラウマになるような辛い体験があったときに、人がどのように対処するかという枠組みである4Ｆ（Pete Walker (2013) COMPLEX PTSD: FROM SURVIVING TO THRIVING. AN AZURE COYOTE BOOK）で考えてみたいと思います。4Ｆは、以下の言葉の頭文字です。

Fight（闘争）
Flight（逃避）
Freeze（凍結）
Fawn（忖度）

具体的な場面を想像してみましょう。例えば、家の中でアルコールを飲むと暴れ出し、ものを壊したり暴力を振るう人がいる家庭で育つとします。それは、本来安心してくつろぐことのできるはずの家、外で嫌なことがあっても守ってもらえる場所としての家の崩壊を意味しています。これは深く深く人を傷つける、単回性というよりはむしろ持続的なトラウマ体験だと言えます。このような場面において、人はさまざまな形で自分を守ります。

例えばＦｉｇｈｔ（闘争）する人であれば、その人を攻撃したり、怒鳴ったりして、真正面からぶつかります。そうすることで自分を守ろうとするのです。もちろん大人と子どもの関係であればそれは極めて難しいでしょうが、子どもが大人になって腕力がついてくると、暴力的な振る舞いに暴力によって対応することで、その問題を解決できるようになることもあります。

続いてＦｌｉｇｈｔ（逃避）は、そのストレスの高い状況から離れようとします。隣の部屋で暴力沙汰が起きているときに、ゲームに熱中したり、漫画を読んだり、そんなふうに自分の気を紛らわせることに集中する人もいます。他のことに意識を没頭させることで、現実の状況から距離を置こうとします。どうせ逃げたりすがったりしても暴力が終わらない状況であれば、こうして自分の意識を別のことに使うことで生きやすくすることは役に立つ対処法でしょう。実際生きている中でどうにもやりきれないことからは距離を置いたほうがよいときもたくさんあるはずです。

続くFreeze(凍結)は、感情や感覚を麻痺させて、エネルギーを限りなく小さくするような状態です。目も虚ろになり、何も聞いていないような顔になり、ただ、今の苦しい状況が過ぎ去っていくのを待つ状態です。実際に記憶が飛んだり、意識が飛んだりすることを通して自分を守ります。これは抑うつ状態における離人感覚にも近い感じで、自分の体が自分の体でないように思うことさえあります。逃避することも困難な場面においては、ショック死に近い状態になることで自分のことを守るのです。

最後のFawn(忖度)は、日本語で言うと「阿る(おもねる)」とか「追従」とか「機嫌を伺う」とかそういった意味の言葉になります。怒っている人の機嫌を取ろうとしたり、一緒になって被害者を攻撃することを通して自分を守るようなことです。怒っている親に迎合して「お母さんが怒らせることをするから悪いんだよ、ね、お父さん」といった形があり得ます。これも、小さな子どもがなんとかして状況を安定させようとするための必死の自己防衛であると言えます。

「同じような境遇でも、結果は人それぞれ」は暴論

よく「同じような状況を子どもの頃に経験していても、大人になって優しくなれる人もいるし、被害を連鎖させてしまう人もいる。だから結局はその人次第なのではないか」という意見がありますが、この意見には重大な欠陥があります。

それは、私たちの経験は決してスクリーンショットで切り出せる単一のものではないからです。例えば親子関係において虐待の経験があったとしても、親戚の中に話を聞いてくれ、人と生きるための言語化をしてくれる人がいるのかいないのか。

部活がものすごく体育会系で傷つくことも多かったけれども、別の文化を持った、より支持的な養育環境があるかどうか。職場がブラックでハラスメントが横行していたり、学校でいじめを受けていたとしても、そうじゃない環境を知っているかどうか。

このように考えてみると「ある特定の経験があるかどうか」だけで人のことを評価するのは不可能です。「変われる人は変われるんだから、変われない人は一生そうなのだ」ということではないのです。

僕が「これは強烈な呪いになる」と思う言葉の一つが、先ほどの「虐待を受けた人でもみんなが虐待をするわけじゃないんだから、虐待をするあなたが悪い」と糾弾する言説です。

大前提として「虐待」は悪いことです。傷つく人が存在していて、それをとりわけ養育関係という圧倒的な権力差がある場面において行うのだから、それはその通りです。しかし、その人に「あなたが悪い」と言って切り捨てて何が起こるでしょうか。

むしろそのような形で「支持的な関わり」がなかったからこそ、そして現在進行形で「あなたが悪い」「最低」「モンスター」と切り捨てられることによってこそ、ますます「人と生きるための言語化の経験の欠如」を蓄積していくのです。なぜそういうことをしてしまうのか知ろうとする尊重の言語化を誰にもされていないのです。

その人に対して「虐待を受けた人でもみんなが虐待をするわけじゃないんだから、虐待をするあなたが悪い」という言葉を投げつけることは、おそらくその虐待の連鎖を強化する方向に働くでしょう。

傷ついたときの2つの対処

一体どうして人によって傷ついたときの対応が異なるのでしょうか。もう一度、学習のループについて考えてみます。人はどんなときでもなんとかその状況に適応しようとしてさまざまなことにトライします。ある時には攻撃的に接し、ある時には自分の気を逸らし、ある時には相手に気に入られようと機嫌を伺うかもしれません。それらのどれを人が優先的に選択するようになるのか？

一つは「何が選べるのか」です。すなわち、機嫌を取ろうと思ってもうまく機嫌を取る方法が感覚的によく理解できなかったり、うまくできないと、機嫌を取る選択をすること自体できません。例えば、何かに没頭して気を紛らわせることは、それなりに好きで集中できる対象がないと難しいはずです。スマホゲームが好きな人だとそれに集中できるかもしれませんが、そもそもスマホを持っていなければその選択肢をすることもできません。

もう一つのポイントが「それによって状況は改善されるのか」です。要するに、何か困った状況になった時に「攻撃的に振る舞うこと」「機嫌を伺って空気をよくしていくこと」で問題が解決した経験があるほど、その選択を積極的にしていくことです。

前者は「できるかどうか」で、後者は「問題が解決するかどうか」です。この2つの組み合わせによって、人は次第に自分にとっての問題解決の方法を身につけていきます。何をやってもダメだ、ということになればFreezeや、いっそ自傷行為など、存在する自分自身を否定する方向に働いていくことにもなります。

そして、それを通して「この世界はどういう世界なのか」という信念を深めていくわけです。攻撃することなしには生きていけない世界だとか、辛いときには意識を失って時間が過ぎ去るのを待つしかない世界だとか、何かで気を紛らわせていたら嫌なことは収まる世界なのだ、といった具合です。

もちろん、これらが複雑に絡み合ったり、状況によっていくつかの防衛反応を使い分けたり、あるものを試してみてうまくいかなかったら次の対応に移行したりします。どれか一つだけで全てを説明する必要はありません。

ここからは具体的にそれぞれの4F対応を基にいくつかの事例を分析していきま

しょう。

孤独になる言語化とトラウマ反応４Ｆ

Fight──あらゆる言葉に抗う

Ｆｉｇｈｔは「孤独になる言語化」と聞いて真っ先に浮かぶタイプだと考えていいと思います。キレる、怒鳴る、攻撃的に振る舞う、上から目線で押し付ける、生意気だ・甘えているとジャッジする、そういった振る舞いです。

これらに共通するのは、共生の言語化ではなく、支配の言語化を行う点です。相手の感じ方や考え方を知ろうとして尊重したりすることなく、一方的に、自分が正しい、あるいは自分に従うことが正しいと伝えるコミュニケーションです。

この関わりを身につけてしまう理由は色々想像できます。一つは、自分が生まれ育った環境において、自分が何か反論したり異を唱えたりすると、まさに上記のような方法によって抑圧されてきた事例です。親や学校・部活・職場などにおいて何かを言っても、こういったコミュニケーションを取られた結果、以下のことを学習します。

すなわち「強い奴の言うことを聞くしかない。自分の考えとか、感じていることを共有しても意味はない。弱い奴は強い奴の言うことを聞かなければならない。意見を言うことはわがままであったり、失礼であって、間違っている」と。

このように学習すると、人生の目的は明確になります。それは「人よりも上に立ち、他者に忖度される側に回る」ことです。自分の感覚や感情が重視される立場とされない立場しかこの世界にないなら、前者になりたいと思うことを、一体誰が非難できるでしょうか。実際には、対等で尊重し合って分かち合える関係が存在するとしても、それを知らずに生まれ育ってきて、リアリティを感じるのは不可能です。

こうなると、日常のコミュニケーションの全ては「どちらの言葉を優先するか」の戦いになります。「ごめん、洗濯物の畳み方こうしてもらえないかな?」と言われても「うるせえな、別に大したことじゃねえだろ。文句あるなら自分でやれよ」といきなり喧嘩腰になります。自分を肯定する言葉、自分が欲しい言葉以外は、全て「自分を下にしようとする、支配的な言葉」になります。そしてそれを受け入れることは自分が下であること、忖度する側であることを意味することとなり、到底受け入れられるものではありません。自分が脅かされているのです。攻撃されていて、傷ついているのです。自分を守るためには反撃をしています。

ここでは「一方は常に上であり、一方は常に下である」という固定的な感覚も隠れています。生活のあらゆる場面において自分のほうが尊重されるべきで、何もかも知っている、という態度になります。この固定的な感覚の正体は、人間を多元的に捉えることができない、一元的な世界認識です。

こういう人は、他の人のいいところを認めることができません。自分より優れている尺度で人を見ること自体を避けようとします。極端な例ですが、自分よりもサッカーがうまい人を見れば「男ならサッカーより野球だろ」と自分が得意なものをより高いものとして捉えたり、「スポーツなんていくらできたってプロにでもならないなら金になるわけでもないし、真剣になるだけ馬鹿らしい」と言ってみるかもしれません。

自分の周りにあるあらゆる言葉が、自分をランキングしているものだと考えます。自分を高く評価する考え方には肯定を示し、そうでないものは否定したり、軽んじたりします。そうなると、例えば友達が他の友達のことを「あいつはこういうところがすごいよな」と聞いても、それが暗に自分を責めているようにさえ感じるのです。

「お前はそれができないよな、お前はそれより下だよな」と聞こえてくるのです。

これは、ものすごく生きづらいことです。相手にはそんな意図は全くなくとも、なんだか比べられたような、自分が下に見られた感じがして、傷つき、イライラしてきます。普通に生きているだけで、周りは自分を上とみるか下と比べるか、どちらかのコミュニケーションを取ってきていると思い込んでいるのです。

実際、GADHAのメンバーからたくさん聞かれる声があります。それは「変容が進んでいくと、イライラすることがめちゃくちゃ減りました。昔は、電車でマナーを守っていない人を見るだけでイライラしたり、駅やスーパーの中で列や人の流れを無視して動く人を見るたびに腹が立っていたのに、今となっては全然どうでもよくて、なんであんなことでイライラしていたのかわかりません。そのイライラをパートナーに不機嫌としてぶつけたりしていたことが申し訳ないです」といった話です。

この心情の変化はどこからくるのでしょうか。いろんな考え方がありますが、例えばこんなふうに考えることができると思います。

「自分はマナーを守ったり、駅で他の人の進行方向を意識しながら生きている。つまり、そういったルールは価値のあるものであり、そのルールを守るほうが『よりよい』ことである。そのような意味で、自分は良い・優れた人間である。しかしそれを守っていない人間を見ると、そのルールを守ることの価値が相対化されてしまう。守ることが自明にいいことではなくなってしまう。それは自分の価値を高め、自分をよい人間だと思うための基準が弱くなってしまうことである。そうすると自分の存在の価値が下がるように感じて、イライラしてくる、腹が立ってくる」というふうに。

相手と自分が別の基準を持って生きていてもいいはずです。自分はルールを守ることが大事だと思うけど、この人はそうではないのだな、と。そこで傷ついてしまうのは「自分が高く評価される序列に従え」という感覚を持っているからです。

また、同じような状況において「自分はそういう振る舞いをしたら怒られたり、恥ずかしいとかみっともないと言われるから我慢してきたのに、なんでこいつらは自由に振る舞っているんだ。許せない、ずるい」と感じるケースもあります。この感情が自分の子どもに向く場合には「あんまり甘やかすな」「社会は厳しい」と言ってしまうこともあります。「ずるい」と思ってしまうとき、自分が抑圧されてきたことを示していると考えることで、誰かを攻撃するのではなく、自分を慈しむ方向に力を使えることがあると思います。

こういった被害を受けたと感じやすい感覚を持っている人が、「人と生きるための言語化」をすることは不可能でしょう。友人関係を持っている人も、その中での嫉妬やからかいのコミュニケーションが中心になり、いずれ距離を取られる可能性が大きいでしょう。誰かが楽しんでいることを「そんなの何が面白いんだよ」と言ってみたり、自分がうまくできることは得意げに自慢する人になってしまうからです。

人には多様な側面があり、それを評価する尺度もさまざまあります。しかし、そう考えない人は、人を単純に捉えます。いくら稼いでいるのか、部下の数は何人か、例えばそんなふうに。

そうすれば子どもや部下などはまさに「下」の存在であり、意見を聞く対象ではなくなります。何かを教えてやる対象です。自分に意見を言ってくることを「失礼」だと考え、自分がやったことに感謝しないことは「間違っている、反抗している、馬鹿だ」と考え「正してやろう」「ちゃんと説明すればわかるだろう」と相手が距離を取ろうとすることさえ許しません。

このように、人と生きるための言語化をしてくれる人間関係が少ない中で、自分をなんとか守るためにＦｉｇｈｔを身につける人たちがたくさんいます。

それを身につける中で、上下関係を重視し、上に立つしかないと考え、自分が上に立てる基準を重視するようになり、謝ったり相手に合わせることは下になることで恥ずかしくみっともないことだと思うに至ります。

日常のコミュニケーションも常に自分をランキングされているような感覚を持ち、傷つきやすく、ゆえに反撃して人を困らせてしまうパターンがあります。

自分自身もその環境で苦しかったはずなのに、その環境しか知らないからこそ、その中で生きやすい人間になろうとする、その切迫した欲求が、結果として自分を孤独にして、誰よりも生きにくい人間になってしまうのです。

Ｆｌｉｇｈｔ—人と生きる言葉から逃げる

続いてＦｌｉｇｈｔで孤独になるパターンを考えます。人と生きていく中で、自分と相手が異なる意見を持ったとき、人と生きるための言語化ができない環境を生きると、攻撃や反撃によって思い通りにしようとしたり、その場所から逃避したりします。物理的に逃げ出すこともありますし、何か他のことに没頭して、意見の違いに触れないようにするケースもあります。

最も多いのは「話し合いから逃げる」タイプです。「仕事が忙しいから」「今ちょっと疲れてるから」「また今度にしてよ」といった形で、相手が人と生きるための言語化のための時間を取ろうすること自体を煩わしく思ってしまいます。

パートナーとのこと、子どもとの関係などにおいては意見のすり合わせが非常に重要になりますが、それができない、でもパートナーはそれを求めてきている、といった場合には家に寄り付かなくなることもよくあります。

そして相手から「どうして？」と聞かれれば「そうやって追い詰めてこようとするから……」と相手に罪悪感を与えてでも「人と生きるための言語化」から逃げ切ろうとします。

Ｆｉｇｈｔと比べると、Ｆｌｉｇｈｔはなんだかマシなように見えてしまうかもしれませんが、実は必ずしもそうではありません。「お互いが一緒に幸せに生きていける関係」を作りたいと願っている存在からすると、Ｆｌｉｇｈｔはその関係の土台を根本から切り崩されるように感じます。

「お互いの嬉しいことや悲しいことをすり合わせながら、お互いが納得できる言葉」

を作ることができず、結果として相手に合わせるか、あるいは相手を自分に合わせることしかできなくなってしまうからです。

このFlightの特徴の一つは、なんらかの依存的な行動に逃避するケースが多いことです。僕の場合はアルコール依存ですが、他にはギャンブル、炭水化物、出会い系・不倫・盗撮・痴漢などの性的な行動、買い物、スマホ、ゲーム、仕事、怒鳴ること、人を支配すること、色々あります。これらの特徴は何か。それは強烈な刺激あるいは抑制によって、自分が抱えている問題や、本来しなければならないことのプレッシャーを、一時的に感じなくてよいようにする効果があることです。

厄介なのは、自分が話し合いから逃げていることを棚上げして、相手に責められてばかりな気がするから依存的な行動に走ってしまった、と言い訳をするタイプです。

この場合、相手は単に人と生きるための言語化をしたいと依頼しているだけで、かつ、それは他者と生きる上では果たすべき責任を求めているだけなのにもかかわらず、依頼者のほうこそわがままで酷い人だ、という認識を相手に与えます。

一緒に生きていきたいと思っていた人からすれば、これほど酷い痛みはないでしょう。「一緒に幸せに生きていこうって言ったよね。それなのに、意見の違いを話し合うことからは、いろんな理由を作って逃げ続けて。いざ（借金や不倫など）問題が起きたら、今度は話し合いを求められるのが嫌だったって、息苦しかったって。じゃあ一体なんのために私たちは一緒にいたの？　一緒に幸せに生きるために話し合いが必要だってこと、知らなかったの？　こっちが悪者なの？」と。

実際のところ、本当に「話し合いが必要だ」と知らなかった可能性があります。あるいは「話し合い」の意味を勘違いしている可能性もあります。Ｆｌｉｇｈｔをするタイプの人の特徴は「ほとぼりが冷めるまで逃げ回る」ことにあります。何かトラブルが起きても、しばらく時間が経てば、相手はいつのまにか機嫌を直して、そうすればまた元通り。何か問題があっても、そうやって時間をあければ大丈夫だ、そんなふうに自分に都合よく考えています。

これまでの友人関係などにおいてもそうだったのでしょう。なんとなく関係が悪くなっても、なあなあに仲直りして、いつの間にか元の関係になったり、仕事においても、トラブルが起きても問題解決を具体的にするわけではなく、あるいはしたふりをして、しばらくしたらまた元通り……問題にならなければそれでよいのです。

このＦｌｉｇｈｔ的なコミュニケーションを取ってしまう人は、「ちゃんと責任を引き受ける大人」との関係が周りに少なかったケースが少なくありません。ＧＡＤＨＡにおいても依存症を併発している人がたくさんいますが、その人たちの話を聞いていると中でよくわかるのが「ちゃんと謝って、反省して、言動を変える大人の不在」です。

自分の間違いを認め、一緒に生きていけるように自分の言動を振り返り、再発を防ぐための何かに取り組んで、ちゃんと謝って、実際に言動を変えて、関係が良くなっていくこと自体のリアリティがないのです。

「今度こそ酒をやめる、節酒する」と言っていたのにまた酒を飲んで管を巻く父親、そして半ば諦めてしまった母親、そんな様子を見て感じるのは「ああ、人に迷惑をかけても、なんとかなるんだ」ということです。「どうしてお酒飲むの、もう飲むのやめてよ」「借金してまで麻雀するのやめなよ」そんなふうにお願いしても、とりあわないか、口約束をしておきながら結局裏切る親。子どもに残るのは深い絶望です。

大喧嘩をして口を利かない親、でもお互いなんとなく、なあなあの中で、少しずつ普段の空気に戻っていく家族。喧嘩になった原因をちゃんと話し合うわけでもなければ、言動を変えるわけでもなければ、ちゃんと謝ることすらしないままに、なし崩しに再開されていく日常。

そういった家で育てば、もはや「いつまでも機嫌が悪いほうが幼稚、悪い」となるのです。だって日常は続いていくのだから、いつまでも不機嫌でいてもしょうがない。人は変われない、どうしようもない、仕方ない……だったら、今まで通り、楽しかったときのように、傷はなかったことにして、そうしてまた不安定な日常を演じているほうがよいのです。

真剣に問題に向き合っても、どうせ問題は解決されない。お酒を飲まないでと言っても意味はない。一時的にはそうしてみても、短期間のポーズであり、またあれこれ理由をつけて、前の状況に戻っていく。

「世界は、どうしようもないんだ。人は変われないし、言うだけ無駄。言うほうもいつまでもしつこくて、迷惑。仕方ないんだから、文句言うのやめて、諦めてしまえばいいのに。嫌なこと考えるのはやめて、ちょっとでも楽しいほうがいいよ」と感じているのです。

そう考えている人は「もう終わったことをとやかく言うなよ」とか「蒸し返してなんかいいことあるの？」とか「謝ったんだから許してよ、他にどうしたらいいわけ？」といった言葉を使ってしまうはずです。そこには、間違いを認めて学び直すことで「二人が生きやすくなる」感覚の欠如があります。

これは強烈な諦めの感覚、人間は変われないという固定的な感覚です。世界は自分の思い通りにはならない。人は変わってくれない、自分も変われない。だって、変わってる人を見たことがない。ちゃんと問題と向き合っている人も知らない。そんなのできる気がしない。

このようにして、昔自分を深く裏切り、傷つけたような人間に、誰よりも自分自身がなってしまう。誰よりも大嫌いで、そうはなりたくないと思っていた大人になってしまう。そしてそんなことを認めることも耐え難くて、またできもしない約束をして、それを果たせず、何度も傷つけることを繰り返し、最後には相手が愛想をつかして、孤独になるのです。

Freeze―言葉をなくしてしまう

Fightはわかりやすく行動的であり、Flightも何かから逃げるために行動する点では動きがあるのに対して、Freezeは少しわかりづらいかもしれません。

これは、起きてるけど意識がない、話しかけても返事がなかったり、返事があっても生返事だったり「心ここにあらず」という状態です。人によってはシャッターが下りてしまったとか、目の光が消えたとか、中の人がいなくなった、固まっちゃったと表現するかもしれません。

この状態になると人と生きるための言語化はできません。何か話し合いをしようとしてコミュニケーションを取ろうとしても固まってしまって、返事を全くできない状態になり、姿勢も同じまま、本当に動かなくなってしまいます。こういう人と話したことがない人もいるかもしれませんが、実はたくさんいます。

この状態になっている人が何を感じているのかは色々ありますが、その一つは「全部自分が悪い」「怖い、ここから逃げたい」「でも動けない、動かない」「また怒られている」「嫌だ」「何もうまく話せない」「早く終わってほしい」「恥ずかしい、悔しい」「許せない」「自分にもうんざりする」「言葉が詰まってしまう」といったものです。

その瞬間の知覚がほとんどなくなっているため記憶が残らないケースや、自分や周りを上から見下ろしているような離人感覚を持つ人もいます。

「何を食べたい?」とか「今日はどうしたい?」といった質問においてもこの状態に

なる人もいます。相手が決めてくれたものに乗っかる分にはいいのですが、自分の感情や考えを聞かれると、シャットダウンしてしまうことがあるのです。

中には、このシャットダウンの状態が長く続くと、自傷行為に走る場合もあります。爪で自分の顔や体を引っ掻いたり、コードで自分の首を絞めるような場合もあります。

こうなってくると、周りとしては「いろんなことを話し合って決めたいんだけど、話し合いになるといつも固まってしまう。だから自分で色々決めるんだけど、それに不満を見せることもある。じゃあ一緒に考えましょうと言うとまた固まってしまったり、時にはパニックになってしまう……」と困ってしまいます。

そんな状況で「私たちの言葉」を作ることはできないので、お互いを大切にしたいと思っている人ほど、関係を終了することを望むようになるでしょう。

GADHAには、このタイプの人もたくさんいます。実は、こういう人の中には学習熱心な方もたくさんいて、自分の問題をなんとかしたいと思って色々調べたり、試してみる人もいます。

そういった人は、理屈を色々学んでみても、こういうときにはこうしたらいいと学んでみても、いざそういう場に戻るといきなり石のようになってしまうことが少なくありません。

これほど熱心なのに、なぜだろうと色々話を伺っていると、これもＦｌｉｇｈｔと同様にいくつかのよくあるエピソードがありました。虐待やいじめの被害を受けた経験があったり、性被害、ハラスメントなどでメンタルが崩れたことがあるなど、強烈な痛みの経験があることが多かったのです。

言語化という観点から言うと、このような強烈な痛みの経験は、大きな課題を残すことになります。なぜなら、人と生きるための言語化の全てのベースは、自分が感じ考えていることを言語化することにあります。しかし、それこそが、本人にとって最も辛く、耐え難いことになってしまっているからです。

どんなときに人は生きるためにＦｒｅｅｚｅを覚えるのでしょうか。それは、戦うことはもちろん、逃げることすらできない状態において、深い傷つきを覚え、自分の感覚のシャッターを下ろして、何も感じないようにする他ない、そんな状態です。

そんな人が自分が何を感じ考え、どんなことを喜び、どんなことに傷つくかを考えることは、そのまだ癒えていない傷に直接触れて開くような、ほとんど無茶といってもよいプロセスを必要としています。

これを読んでいる人の中にも「思い出したくもない記憶」がある人がいるかもしれません。そのことを想像すると胸が痛くなったり、お腹が痛くなったり、吐き気がしたり、視界がグニャッと歪むような記憶です。

もしもそんな記憶がたくさんあって、何か自分のことを考えたり思い出すたびに、そんな記憶が再起してしまうとしたら、一体どうやって正気を保てるでしょうか。できるだけそういったことは考えないようにして、表面的で、調整の不要な人間関係を求めるのではないでしょうか。

しかし、人と生きていくなら調整は必要です。友人関係において、職場関係において、家族関係において、完璧で何一つ調整不要な関係など存在しません。

しかし、こういう人は調整ができません。自分が何を感じ、どう考えているのかをちゃんと説明することができません。そしてそれゆえに、他者が何を感じ、どう考えるのかを想像することも困難です。人は自分の感覚を基準に少しずつ世界を広げ他者を理解していくので、そこが難しいのです。

結果として、自分のことを聞かれてもよくわからないし、相手のこともよくわからない。擦り合わせることはできず、「私たちの穏やかでくつろげる関係」を作ることができない。そういう人とずっと生きていきたい人はいませんので、いずれその人も疲弊して離れていってしまう。そうして、孤独になってしまうのです。

この場合ですとトラウマインフォームドケアや複雑性ＰＴＳＤや、身体的なアプローチについて調べる価値があるかもしれません。そもそも体がバキバキに強張って、世界に怯えている状況では、理屈を理解しても体がついていかないからです。

Ｆａｗｎ──「私の言葉」を演じてしまう

Ｆａｗｎは英語でも聞きなれない言葉ですが、ここでは仮に忖度と訳したいと思います。媚びたり、阿る形で生き延びるために使われる生きるための戦略です。

一見それだけ聞くと孤独にならないようにも思えますが、実際はそんなことはありません。なぜなら、誰かに忖度し続ける人生を送ることは「自分が生きることのできない世界」を作ることに他ならず、そこから飛び出さなければ死んでいるも同然な状況に追い込まれてしまうからです。

このタイプの人も、人と生きるための言語化はできません。自分の言葉を優先せず、相手の言葉を重視し、それを「私たちの言葉」であるかのように演じてしまうからです。「自分はこっちのほうがいいと思うな」と言われれば「確かに！　そっちのほうがいいよね」と言ってしまう。相手がイライラしたり落ち込んでいる様子を見ると、理由も聞かずに尊重の言語化もしないまま「自分のせいかな、何をしたらいい？ごめんね」といったふうに、相手の世界は全て自分と同化しているように思えて、過剰にサービスをしてしまったり、相手が求めることを断れなかったりします。

友人関係での例を出してみましょう。「自分は聞き手になることが多いんだよね」と言いつつ、よくよく話を聞いてみると「自分の話なんて誰も面白く思わない気がするから、話を聞いてるほうが楽なんだよね」となり、さらに聞いていくと「相手がどんな言葉を言ってほしいのかって想像できるからそれを言ってあげるんだよね」と進んで、最終的には「でも、自分のことは誰も聞いてくれないしわかろうとしない。みんな自分のことをカウンセラー代わりに使って、誰も気遣ってくれない」と思って、関係を急に遮断して、孤独に向かっていくケースです。

尊重の言語化だけが突出して得意になる状態、それはそうしなければ生きていけなかった環境を想起させます。

親がこういうタイプだと、色々と気遣ってくることに対して何か違う意見を言うと「何言ってるの、私のほうがずっとあんたのことわかってるんだから、言うこと聞けばいいのよ。あなたのためなんだから」と親切を装ってコントロールする子育てになります。こういう親と生きると、それが「愛情」だと思うのです。

ここでは、尊重の言語化は明確に失敗しています。子どもが喜んでいないこと、違和感のあることを表明しているのに「違うの、あなたはこっちが嬉しいの、嬉しいと感じるべきなの」と言っているので、これは現実の言語化を阻害する、恐ろしい毒だと僕は思います。

しかし、そう育てられた人は、今度は関わる人にあれこれと世話をするかもしれません。それが人を大切にすること、人を尊重すること、人を愛することだと思って行動します。

しかし、尊重の言語化を適切に踏まないでやってしまうことも多くあります。よく「私は人の気持ちがわかる（わかってしまう）」と言う人がいますが、実際には間違っていることもよくあります。それはどこまでいっても尊重の言語化の怠慢です。「自分がわかりたいようにわかる」をしているだけだからです。

ゆえに「世話をしたのに喜ばない人」に驚き、おかしい、間違っていると感じます。「世話をするのはあなたのためを思ってのことなのに、それを喜ばないなんて、愛されていることを軽んじる、失礼で、間違ったことだ！」と思います。だって、自分はそんなときに喜んだふりをしてきたのだから……仮に嬉しくないことであっても、忖度して「わー嬉しい！　こういうのが欲しかったんだ。いつもありがとう」と振る舞うべきなのです。自分もそう言ってもらえないと納得できないのです。それはきっと、過去の必死に生きるためにしてきた努力が、否定されているようにすら感じているのかもしれません。

こんなエピソードがあります。ある人が、孫にタペストリーをプレゼントしました。ある時、その孫の家に行くとタペストリーが飾られていません。それに深く傷つき、自分の子どもに「心ない子だね。何かもらったなら、せめて飾ってくれるのが優しさってものじゃないかね。育て方もどうだったんだか。私は情けないよ」と。子どもはそれを聞いて罪悪感や恥の感情を与えられ、自分の子どもを変えようとします。「どうして飾ってあげないの？　冷たいんじゃない？」と。孫は言います。「いや、せっかく新築の家を建てて、モダンな感じにしたから、もらっても雰囲気が違いすぎて飾れないよって断ったんだよ。それなのに無理矢理渡してきて、そんなふうに言うのってなんだかおかしいんじゃない?」と。

まさに、相手のニーズなど無視して、自分が思う「よかれ」を、過剰なサービス精神によって行い、かつ、それに喜ばない相手に傷つき、コントロールしようとする態度・振る舞いです。こういう人との関係はとても面倒だし、関わりが億劫になることもあるでしょう。そこから孤独になることも十分あり得ると思います。

もちろん、よかれと思ってやったことが相手にとって嬉しいこともたくさんあり「悪い人ではないんだけど」「優しい人なんだよ」と評されることも多いです。

しかし、あえて明言したいと思いますが、僕はこれは優しいとは言いません。そうではなく「私は優しい人である」という妄想が先にあり、現実を歪めている人です。

予言の自己成就を乗り越えて

このように考えてみると、「孤独になる言語化」をされた経験から、世界を信用することが難しくなり、結果として自分も他人に対してしてしまう構造があると理解できると思います。

これのとても厄介なところは、予言の自己成就とも言える側面があることです。つまり、生まれ育った環境の中での経験を通して、世界を「恐ろしい世界」だと思った上で、実際にそう思って行動するからこそ、結果的には人が離れて孤独になってしまうことで「ほら、やっぱりそうなんだ。だから人は信用できない、人は裏切る、誰も自分のことなど本当のところ愛してくれないのだ」と思ってしまうのです。

しかし、こういった問題に気づくのは大人になってからという人が多いと思います。なんとかかんとか生きてきたけれども、どうにも生きづらい。自分のことも他人のこともうまく大切にできずに、嫌われて人が離れていってしまったり、逆に自分が耐えられなくなって距離を取ったり関係を終了することが多くて、素直に自分の弱さを話すこともできないし、人のそれを受け止めることもできない……なんでだろう、と色々調べ始める中で、ようやく愛着障害であるとか、複雑性ＰＴＳＤであるとか、アダルトチャイルドだとか、発達性トラウマだとか、関連するさまざまな言葉に触れて、学び始めることができる人もいる、という流れになります。

今回はトラウマや複雑性ＰＴＳＤなどの文脈でよく用いられる枠組みとしての４Ｆで整理してみましたが、孤独になる言語化の原因や解決策には多様な見方が存在します。

例えば、養育者が発達障害である場合に、一般に「毒親」と呼ばれる振る舞いをしてしまう、と考える立場があります。一方、トラウマが発達障害に見える状態を生み出してしまうと考える立場もあります。

孤独になる言語化を行う人を「パーソナリティ障害」と理解する人もいるでしょう。例えば回避性パーソナリティ障害とされる人が取る行動と、トラウマにおける４ＦのＦｌｉｇｈｔやＦｒｅｅｚｅは近い反応のように見る人もいそうです。愛着やアタッチメントで考える立場であれば回避性のアタッチメントスタイルだ、と評するかもしれません。

僕はいろんな領域の文献を調べる中で、こういった「よく似た現象を、違う理論で説明する」ケースをたくさん見てきました。その中で感じていることは「どれか1つが正しいと考えるよりも、どれが自分を生きやすくしてくれるか」で判断してよいことです。専門家として正確な分類ができるようになることが目的ではなく、自分が生きやすくなるために調べるのですから、希望があるほうがよいです。

仮に「愛着は3歳までで確定するから、そこからの変更は難しい」とか「パーソナリティ障害は障害だから変われない」といったことを知って、それによって自分の言動を説明できたとしても、その知識に「ではどうしたら人と生きていけるようになるのか」が含まれていないなら、絶望するだけです。

「人は傷つく経験からも学ぶことができる」と考えるレジリエントな立場を採用してみたり、成人になってからもトラウマ治療などを通して生きやすくなることができるとする立場を採用したほうが、仮にそれが十分に実証されていないとしても、生きやすくなることがたくさんあると思います。

自分のことを固定的で変われない存在と考えるのか、自分のことを制約はあっても変えていけると思えるのか、それもまた人と生きるための現実の言語化の一つです。

Column

GADHAに寄せられた相談から―3

Q

人と付き合うと「重い」と言われて振られてしまいます。不安が強くて、相手の人間関係が気になって誰と会ってるか調べたり、携帯や日記を見てしまうこともあります。

A

相手が嫌だと伝えてくれていることを、嫌だとわかっていてやるのは、人に嫌われる一番簡単な方法です。もしも相手が嫌だとあなたに伝えているのなら、これまでの人が「重い」という言葉で伝えたかったのは「ＮＯが通じない人とは生きていけない」ということです。ＮＯが通じない人は孤独になります。

サプライズプレゼントは要らないと伝えてくれた人にサプライズプレゼントを渡すのは、ＮＯが通じていません。体に触ってほしくないと伝えてくれた人の体を無理矢理触るのも、ＮＯが通じていません。

Q 人と付き合うと「重い」と言われて振られてしまいます。

人の携帯を見る人の中には「自分は見られても構わない。やましいことがあるから見せないのだろう」と思う人もいます。先ほどの例で言えば「私はサプライズされるのが嬉しい」「自分はいつ体に触られても構わない」から、相手のNOは尊重しないのです。

よく「自分の嫌なことは人にしないようにしよう」とか「自分がされて嬉しいことを人にしてあげよう」という言葉がありますが、僕はこれはとんでもない嘘だと思います。「相手の嫌なことを相手にしないようにしよう」「相手がされて嬉しいことを相手にしよう」という考えのほうがはるかに現実的です。

「自分のことを大切に思うなら、携帯くらい見せられるでしょ？　誰と会っていたか教えられるでしょ？」と言いたくなるときがあります。もしかしたら昔、付き合っていた人に浮気された経験があって不安なのかもしれません。あるいは、自分以外の誰か魅力的な人と出会われるのが怖くて仕方がないのかもしれません。

浮気や不倫をされた経験というのはものすごく深く心に傷として残ると思います。ですから自分の不安を相手に伝えること自体が悪いことでは決してありません。「不安だから」で相手に依頼をすることはできますが、強要はできません。携帯を見せてと依頼することもできるし、今日どんな人と会ったのか聞くこともできますが、見せてくれるとも、会った人を教えてくれるとも限りません。

そのとき、４つ選択肢があります。勝手に携帯などを見ること（相手のＮＯを無視する）、そうしないこと（相手のＮＯを尊重する）、違う形で不安を解消すること、別れることです。

自分にとって相手の人間関係を把握することがあまりにも大事なら、相手のＮＯを無視するのではなく、別れたほうがよいのです。どのみち、相手のＮＯを無視したら「重い」と振られるのですから結果は同じです。

出会いと別れを繰り返すうちに、自分の不安に付き合ってくれる人と出会えるかもしれません。そんな人は存在しないとわかるかもしれません。

どちらにせよ、相手のＮＯに誠実に応じることは人と生きる上でとても大切です。そして、自分にとってあまりにも大事なことについて相手のＮＯに応じるためには、別れを選ぶことも選択肢です。

どうすれば人と生きるための言葉を作れるのか

さて、いよいよ第4章では「では、どうしたらいいのか」に話を移していきましょう。結論から言えば、僕の考える答えは以下の通りです。

言語化についての知識を持った仲間と、
勇気をもって小さく試してみることで
失敗した時に愚痴をこぼしたり弱音を吐くと励まされたり支えられ、
うまくいった時には喜んで労ってくれ、
徐々に自分自身が支え労う側に回っていける関係の中で生きること

です。なぜ上記のように考えるのか、具体的にはどんなアクションを取っていったらいいのかを、本章では紹介していきたいと思います。

人は行動と選択次第で変わることができる

結論から言うと人は変わることができます。それは先に考え方が変わるからではなく、言動を変えて、結果が変わることで、考え方が変わると言うことです。どんなに「ポジティブシンキングをしてみよう」とか「人に嫌われるとは限らない！」と100万回お題目を唱えてみても、実際に起きる現象が苦しく、辛いことばかりなら、やはりその考え方を心底信じることはできないのではないでしょうか。

しかしそれは決して絶望的なことではありません。むしろ「人と生きるための言語化」を学ぶための明確なヒントが隠されています。それは「信じてなくていいから、とりあえずやってみる」ことが効果的だということを意味しているからです。

「人と生きるための言語化」「信じられる世界」などと聞いて、げんなりしてしまう人もいるのではないでしょうか。はいはい、そんなふうに思えたらいいのかもしれないけど、そんな簡単じゃないんだよね……と。それだけ生きてきた中で人に傷つけられた経験があるからこそ、こういった綺麗事にさえ聞こえる考え方を素直に受け止めることはとても難しいはずです。

それはとても自然なことです、なので、信じてもらわなくていいと僕はいつも伝えています。信じなくてもいいので、試してみてほしいのです。その結果次第で、それを信じるかどうかを決めていただけたらと思うのです。その結果が自分にとってよいものであるとき、人と生きることに役立ったときに、人は初めてその背景にある信念を少しずつ信じることができるからです。

誰にどれだけ「もっと人を信じてみてよ」とか「そんなふうに考えるから不幸になっちゃうんだよ」と言われたって、人は変われません。恐る恐る、疑心暗鬼になりながらも行動を変えたときによい結果が生じ、その結果を目の当たりにし、自分がした選択がよいものであったことを受け入れる。人はそういった瞬間に、今まで生きてきた何十年もの間積み重ねてきた信念を少しずつ変えることができると思います。

裏を返せば大事なのは現実なのです。信念は現実から生まれるからです。「現実の言語化」が重要なのは、現実をしっかりと認めることだからです。妄想の世界ではなく、自分が今体験していることを、言葉にすることが重要なのです。

本書では「信じなくてもいいから、信じている人がしそうなことを試してみること」や「考え方はそのままでもいいから、とりあえず言動だけちょっと変えてみること」を提案します。僕はきっとそのほうが人は生きやすくなると信じていますが、実際にそうなるかはわかりません。でも、信じなくてもいいなら、ちょっとくらい試してみようかな、と思ってもらえたら嬉しいです。

最初に行うべきは「現実の言語化」

詳細に入る前に、ざっくりと、学びのプロセスを説明したいと思います。

変わるために必要なことは、違う言動を取ることによって、違う結果が生じることです。そのためには何をしないといけないでしょうか？　最初にやることは「現実の言語化」です。今の自分がどんな状態であるのか、これまで自分がやってきたことはどういうことだったかを言語化する必要があります。そうしないと「これまでと違う選択」がそもそもできないからです。

「現実の言語化」をしたことがない人には、そもそも自分の言動は自然と起きることであって、それ以外の選択の余地がないと思っています。しかし、第2章で見たように現象をシステムで理解すれば介入する方法はたくさん見えてきます。

例えば「どうも空気が緊迫すると、その場から離れてしまう」人は、そのときにどんなことを自分で考えているか気づいていません。その状況になったら、思わず取ってしまう言動があって、それがあまりにも自然なのです。

そこで、これまでの自分はどんな場面で何をしてきたのか、その結果がどういうものだったかを「現実の言語化」に基づいて振り返り分析する必要があります。

空気が緊迫するときとはどういうときでしょうか。よくよく振り返ってみると、そういうときは大抵、自分が約束を守っていないことがバレてしまったときだったとします。相手が不機嫌になるとその状態に耐えられなくなって、家を飛び出してしまう。そしてしばらくしてほとぼりが冷めた頃に戻ってきて、相手のイライラが軽減しているのを見てほっとする。そしてまた同じようなことで相手を不機嫌にさせてしまって……そんなことを繰り返しているうちに、とうとう相手が家を出ていってしまった。これはシステム思考で自分の状態を理解することと似ています。

この人は、

「約束を破ってしまう自分の問題に対して」

「なあなあに相手が受け流すまで何もせずに待って」
「結果として相手のイライラがなくなってきたタイミングで元の関係に戻る」
という言動を行っていて、結果として関係が継続してきています。しかし、それが積み重なるとついに相手は自分から離れて行ってしまった。と言えます。

一方、例えば「自分は、パートナーにできもしない約束を無理やり結ばされて、それができないと相手は不機嫌によって自分をコントロールしてくる。そういうときは家にいないで外にいるほうがずっとマシ。しばらくすると相手も頭が冷えてくるのか、落ち着いている。そんな無茶な状況が続いていたのに、今度は家を出ていくとは、なんて酷い人なんだ」と言語化することもできるでしょう。

こんなふうに、起きていることをどう言葉にするかは、人によって違います。でもここまで読み進めてきた方ならきっと感じていると思います。前者のように、自分に問題を見出すことができる場合は「人と生きるための言語化」に向かうことが可能なのに対して、後者のように相手にだけ問題を見出している場合は「孤独になる言語化」へ向かっていくであろうことを。

ここで「どっちの言語化が正しいかはどうやってわかるんだろう？」と思う人もい

ると思います。ここでは「正しいかどうか」はあまり重要ではありません。もしも相手と一緒に生きていきたいと願うなら、そう願える範囲において、「人と生きるための言語化」に向かおうとすることが大事だからです。そう願えなくなったなら、もはや一緒に生きる言語化を考える必要もなく、その関係を終了したらよいのです。

ですから「よし、人と生きられる人になりたい」と思ったときには尊重の言語化や共生の言語化に繋がる「現実の言語化」を主体的に選択するのです。それがどこか嘘くさくて、綺麗事っぽくて、普段の自分なら考えない考え方でもいいのです。でも、もしも相手と生きるための言葉を選ぶなら……と考えて、言動を変えてみるのです。

それによって何か状況が好転するかもしれません。例えば自分がその場から逃げ出しそうになってしまうときに「ごめん、また約束を破ってしまった……」と謝罪する選択をすることができます。それによって相手がますます怒るかもしれないし、「やっとまともに謝ってくれたね」と嬉し涙を流すかもしれません。また、謝るばかりで約束を破り続けるのであれば、いずれ謝っても全く効果がなくなるかもしれません。とにかく、なんらかの言動を変えてみることが重要です。

仲間と共に、人と生きることを学ぶ

このプロセスにはとっても勇気が必要だとイメージが湧くのではないでしょうか。いつもと違う言動を取ることはとても恐ろしいことです。今まで通り適当に誤魔化したり、なかったことにしたほうがよっぽど短期的には楽です。しかし、中長期的には相手も自分も苦しめるを認めて、一歩踏み出すことが必要です。

そこで、僕は「人と生きるための言語化」を学ぶ人には、仲間と一緒に学ぶことを推奨します。「自分は他の人とは違う」「人に相談するのは苦手」「人間関係で嫌われることも多かったし、集団で何かをやるのは苦手」という人も多いと思います。面白いのは、みんなそう思っている集団であれば、実はなんとかなることも多いことです。

自分がうまく人と付き合えないこと、つい孤独になる言語化をしてしまう人だとお互いがわかっている場合には、そうでない関わりと比べて、ぐっと心が楽なのです。みんな、似たことで困っているからこそ話せることがたくさんあります。

ＧＡＤＨＡのメンバーも、当事者会などに参加して一番驚くことが「自分だけじゃなかったんだ」という気づきをたくさん得られることだといいます。

何度もできもしない約束をしては破ってしまう、自分が悪い場面でも怒りが抑えられない、ダメだとわかっていても物を投げて暴れた後一転して縋りついて謝る、トラブルがあると部屋に閉じこもって元々あった予定も全部無視してしまう……。

これまで、自分の苦しみや生きづらさと、加害について人に相談したこともないし、言うのをはずかしいと思っていたら、他の人が自分がやっていることと同じことを話しているのを聞いて、「一人じゃないんだ」と安心できるのです。

そもそも「自分はモラハラ・ＤＶ加害者なのかもしれない」と思ってＧＡＤＨＡに参加する人は、もうその時点で大変な勇気があるなといつも思います。誰も自分のことを加害者だなんて思いたくないし、自分なりに相手を大切にしていたつもりであればあるほど、そういったスティグマを受け入れるのは難しい。実際、半信半疑で参加する人もたくさんいます。しかし、自分と似た人を見つけることでそれを認めることができ、そんな自分を変えるために学び始めることができるのです。

ですので、もしもこの本を読まれている方の中で「変わってみたいけど、そういう場所に入っていくのは怖いなあ……」と思う人にこそお伝えしたいことがあります。

怖いと思ってしまうとき、一体どんなことを考えているのか、自分で言語化してみてほしいのです。その考え方は自分をこれまで生きやすくしてきたのか、それとも孤独にしてきたのか。信じなくてもよいのです。でも、もしも「人と生きるための言語化を学びたい」と思う人なら、小さく試してみてほしいのです。

加害者という属性を引き受けることは必須ではありません。アダルトチャイルドといった文脈で養育環境における傷つきに着目することもできます。発達障害傾向があると感じている人はその当事者会に参加することもできます。大事なのは、共通点を持っているであろう人たちにアクセスすること自体が、新しいチャレンジであることを自覚し、ちょっとだけ勇気を出してみることです。この本を読まれている時点で、最初に必要な勇気はもう持っているのだと思います。

変容までの10ステップ

ここからは、より具体的に学び変わってくプロセスをそれぞれのフェーズに沿って見ていきたいと思います。ざっくりと「1・何らかのトラブルが生じて」「2・自分に問題を見出して」「3・関連する知識を学んで」「4・試行錯誤してみて」「5・信頼を積み重ねて」「6・痛みと向き合いながら」「7・セルフケアができるようになり」「8・考え方が徐々に変わって」「9・周りの人との関係も変わることで」「10・くつろげる関係を生きることができるようになる」といった流れになっています。

変わることは決して簡単ではなく、すぐに「孤独になる言語化」に戻ってしまうことがあります。そちらのほうがずっと慣れ親しんでいるので、ちょっと気を抜くとすぐに戻っていってしまうのです。

というわけで、これを進めていくためには「右上に進んでいこうとすること」と同じくらい「左下に戻ってしまったときに、またもう一度始めようとすること」の両方が重要だと図からも見えてくると思います。

人と生きるための言語化は、一度できるようになったらそれでＯＫ、もう二度と孤独にならないということではなく、日々の暮らしの中で、その時々で、失敗もあるけれども、何度もチャレンジする中で、少しずつ身についていくものです。

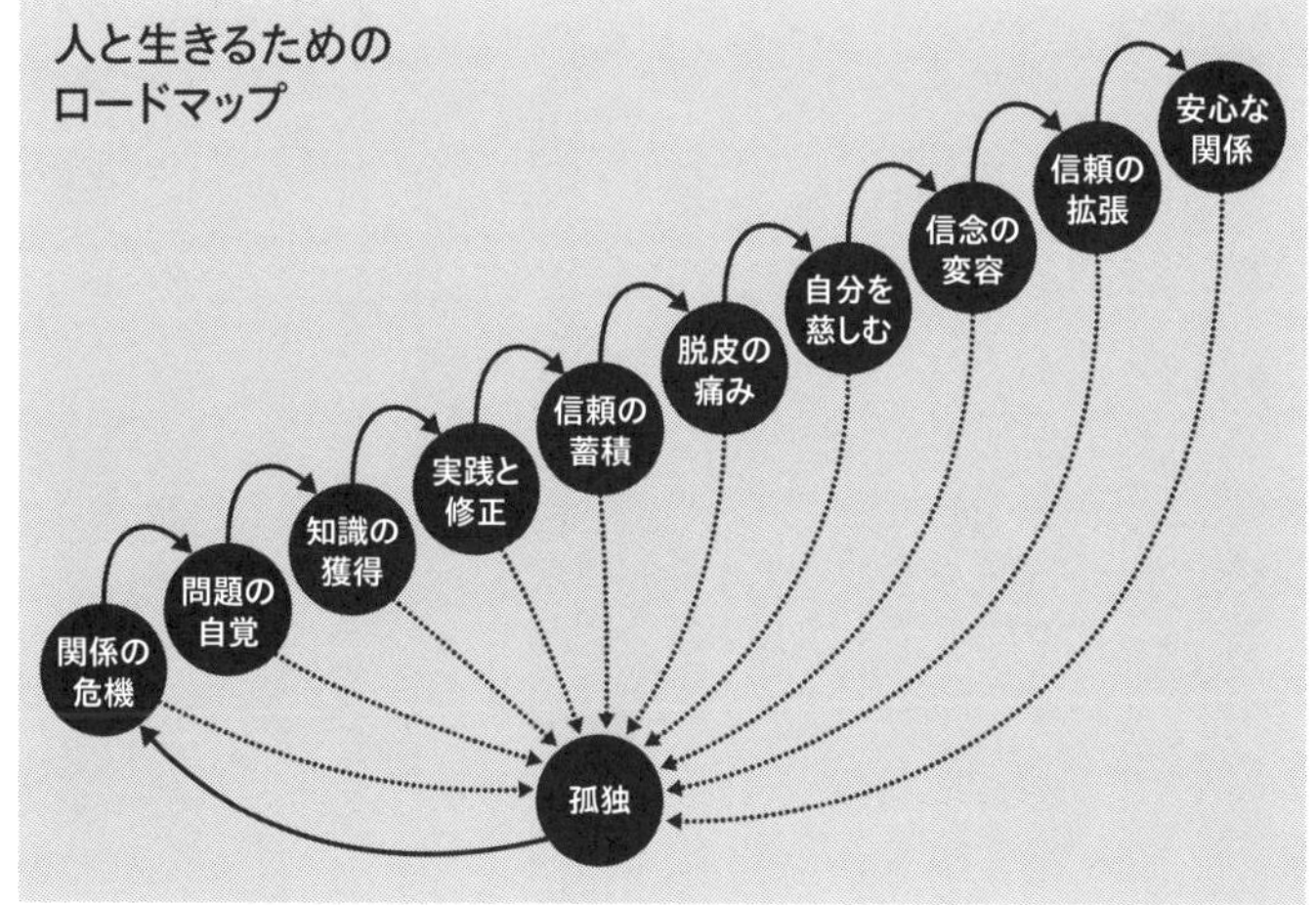

1

関係の危機

●人と生きるための言語化の失敗

●言語化の失敗の機会は日常の至るところにある

この本を手に取られた方はなんらかの意味で人間関係のトラブルを経験しているはずです。もしかしたら全然相手を傷つけるつもりはないのに誰かを深く傷つけてしまって「もう一緒に生きていけない」とか「もう関わりたくない」と言われているとか、自分の知らないところでいろいろ悪口を言われていてまた孤立してしまいそうだとか、子どもから縁を切られてしまって連絡がつかなくなってしまっているとか、パートナーと喧嘩してしまって仲直りのタイミングを見失っているとか、そんなさまざまな状況があると思います。

とても重要なことは、言語化の失敗は小さくて瑣末でなんてことのなさそうに見えることに詰まっていることです。

逆に言えば、共生の言語化の機会は常にあります。人と一緒に生きている以上、例えば「先お風呂入っちゃっていい？」「いいよー」といった会話も、共生の言語化なのです。とても自然な会話ですが、孤独になる言語化になる可能性はここにも潜んでいます。例えばこういうときに「えっ、入るの30分後って言ってなかったっけ？　なんで今入ることにしたの？　そういう予定にない行動いきなりされるのマジでイライラするんだよな……」と言ってぶつぶつと文句を言う人であれば、こんな日常の何気ないコミュニケーションの中でも孤独になる言語化を行ってしまっているのです。

関係のつまずきにおいて一番厄介なことは、小さなことにおける共生の言語化を積み重ねていかないと、大きなことにおける共生の言語化の練習が足りなすぎて、いきなり応用問題に取りかかる受験生のように、失敗してしまう点にあります。

買い物をするときのちょっとしたコミュニケーションや、週末に何をして過ごすかといった話、最近電気代が高いからどうしようかといったトピック、そんなことの中に二人が生きる世界を作るチャンスが常に眠っています。一緒に買い物をする時に相手がどんなことを好み、どんなことが好きじゃないのかがわかれば、相手に何かを贈る時のヒントになります。

花瓶を一つも持っていない人に花束を渡してもあまり喜ばれない可能性があるように、日常の中でお互いの好き嫌いや大切なことを知っているからこそ、大きな意思決定の時に、お互いにとって生きやすい選択をすることができます。

孤独になってしまう人は、そもそも関係のつまずきをそう捉えられないこともあります。例えばパートナーから「飲みすぎて帰ってくるとすっごく嫌な感じで絡んでくるから、飲みすぎるくらいなら外で泊まってきてほしいんだよね」と言われたときに「誰のおかげで飯が食えていると思っているんだ！」と一喝するような人は、それを関係のつまずきだと気づきさえしないかもしれません。

多くの場合、小さな「私たちの言葉」の蓄積を怠っていながら、関係を続けるかどうかといった大きな問題について一緒に話していくことは、不可能ではないものの、とても難しいでしょう。

2
問題の自覚
●なぜ問題が生じているのかを知る
●現実と尊重の言語化で相手の問題を探る

さて、そのようにつまずきを認めることができないという最悪の状況を回避できたとしても、まだまだいくらでも孤独になる言語化に戻っていってしまうことがあります。そもそも孤独になる言語化を使っている自覚も、どうしてそうしてしまうのか原因も理解できない状態で、人と生きるための言語化ができるわけもありません。

関係のつまずきが生じたときには、続いてその問題自体の言語化を進めていく必要があるのです。そして、実はこれ自体が「共生の言語化」そのものであると言ってもよいかもしれません。具体的な状況を想像してみましょう。

「あなたはいつも私が愚痴をこぼすと、もっとポジティブに考えたらいいよとか、ネガティブに考えるのはやめろよとかって言うけど、そんなのわかってるんだよ。でも、それでも誰かに弱音を吐きたいときがあるの。だから、そういうときはアドバイスしないで話を聞いてほしい」と言われたとします。

それに対してこんなふうに返すとしましょう。「いやいや、俺は解決思考の人間だから、愚痴を聞くとどうしても解決策を提示したくなっちゃうんだよね。俺はこういう人間だから、どうしても愚痴をこぼしたいんだったら他の人にしたらいいじゃない？そもそもなんで俺に愚痴をこぼしてくるのかがわからん」といったように。

ここでは「私にとっての問題」と「相手にとっての問題」が全く噛み合っていません。一方は「アドバイスは要らないから、ただ弱音を吐かせてほしい」と考えていて、もう片方は「そもそも自分に弱音を吐くほうがおかしい」と言っています。同じ現象に対して、全く違う言葉を使っている場面です。

このようなとき、仮につまずきは認めたとしても、その問題の構成の仕方が大きく異なっています。そうなると当然、解決策も異なってきます。原因も解決策も異なるとなると、実際二人は同じことについて話していると言えるのでしょうか。話せば話すほどお互いの世界が重なっていないことに絶望して、話す気力も失われていくかもしれません。

こんなとき、現実の言語化と尊重の言語化が極めて重要になります。例えば「確かに言われてみれば、どうして自分ってこの人に愚痴をこぼしたいんだろう？　友達に久々に連絡してみようかな」と考えることもできるかもしれませんし「わざわざ俺に愚痴をこぼしてくるってことは、なかなか昔の友達と話す時間も取れていないのかな」と考えることもできます。

そして実際に、それを相手が傷つかない形で伝えることもできるでしょう。「そういえば最近忙しくしてたから友達ともあんまり話せてなかったよね？　自分は愚痴を聞くのが苦手だから、ストレス溜まっちゃうよね」というように。

すると「共働きで家事を週末にまとめてやっているからどうしてもね……今週ちょっと家事を任せてもいいかな。結構ストレスが溜まっちゃってて、しんどい」と返されて、「わかった、久々に羽を伸ばしてきてね」と答えるかもしれません。

こんなふうに問題を捉えていくと、いろんな見方ができるようになります。

何かが起きたときに、そもそも「何が起きているのか」から、人は人と話し合うことができます。これはとても大切なことです。関係がつまずいているかどうか、何か問題が起きているかどうか、そしてそれはどのような原因や解決策によるものだろうか、と考えていくことを、一緒にやっていくことができるのです。

しかし、その際には簡単なことばかりではありません。例えば愛着障害の知識が全くない状態で、それを前提として話をされてもさっぱり意味がわからないときがあるはずです。

「あなたは愛着スタイルが回避的だから、話し合うことができないんだよね」と言われても、その言葉の意味はよくわかりません。しかし、相手が切実な問題としてそれを受け止めているのであれば「じゃあちょっと調べてみるか」と本を読んでみたり、何かをしようとすることができます。

そして、実はそれ自体が尊重の言語化だと言えると思います。相手がどのような枠組みで現象を捉えているのか、問題を理解しているのかを知りたいと願い、実際にそれをしようとすること。これだけでも、その問題をなんとかしたい人にとってはすごく嬉しいことです。一緒に生きていこうとしていると感じられるからです。

知識の獲得
- 問題解決のための集合知にアクセスして気づきを得る
- 自分と似た人の変容過程を見て参考にする

さて、そうすることによっていよいよ具体的な知識を学び始めることができます。人によって学ぶ方法はさまざまです。

ここでとてもおすすめなのが、当事者会やセルフヘルプグループなどにアクセスすることです。その理由の一つは、関連するさまざまなサイトやサービスや本などを紹介してもらえることです。自分一人だとどこから読み始めたらいいか、Ａｍａｚｏｎなどで見てみても似た本がたくさんあって困る……そんな場面に「とりあえずこれがおすすめ！」といったものを紹介してくれるところが多いと思います。

続いて、「教科書的な知識」ではなく、あなたの現実の状況に合った言語化をしてくれることも重要です。どうしても一般向けに書かれた内容や話された内容は、自分の環境とか状況がそのままピタリと当てはまる形になっているとは限りません。「うーん、これが適応できる気もするし、そうじゃない気もする……」とモヤモヤするのは、それが教科書的な知識だからかもしれません。

例えばＡＳＤは、外側から見るとみんな同じＡＳＤに見えるかもしれませんが、実際にＡＳＤ同士で話してみるとたくさんの共通点と同じくらいたくさんの違いに気づいていきます。色々なラベルは、個別の人間が持つそれぞれのユニークさをある程度捨象して、わかりやすく共通点でくくるのだから当然と言えば当然ですが、教科書に書いている人そのものは、この世界には存在しません。

ですから、どんな知識も、その一般化されていたものだけ読んでいるとどうしても「ここは当てはまるけどここは当てはまらないな」とか「これも当てはまるしこれも当てはまる、一体どれが正しいんだろう？」と思ってしまって、混乱することもあります。

そこで、自分の実際の状況を話すことや書くことができる場所において、それをその共同体やコミュニティが持っている知識に基づいて説明してもらえることが、とても役に立つのです。

「あー、ストレスがかかるとめちゃくちゃ炭水化物食べまくっちゃう時あるよね、それって結構よくあることで、自分の場合はパンをめっちゃ食べちゃう」とか「こういうの無茶食いって言うらしくて、依存症とかＡＤＨＤ（注意欠如・多動性障害）とかとも関係しているらしいよ」などと知識を得ることによってそのキーワードで色々調べていくうちに「そうか、そういうことだったんだ！」「じゃあこう対策するといいのかな？」と「現実の言語化」がぐっと深まったりするのです。

もちろんそれらの言語化がいつも完全に正しいわけではないですし、そのまま改善に役に立つとも限りません。話をしているうちに「どうも自分はここの人たちとは違うことのほうが多そうだな」と思ったら無理に関わり続ける必要はありません。

こういう知識を持った仲間がいる場所では、さらにその知識を実践して体現しているロールモデルと出会うことができることも大きな価値です。

多くの場合、孤独になる言語化をしていることに気づく場面は、関係の危機などがあって誰かに何かを言われて、落ち込んでいる状況であることも少なくありません。自分は○○だからダメなんだ、障害かもしれない、変われないのかも……どうしたらいいんだろう、そんなふうに思って自己嫌悪に陥っていることもよくあります。

そんなときに、同じ状況、同じように悩んでいた人が、これこれこういうことをしたことによって楽になったとか、人と生きやすくなったとか、そんなリアルな生身のエピソードを聞けることは、勇気が湧いてくることです。

当事者会によっては自分と同じような人がどんなふうにこれから苦しんでいくのかを見ることもできます。GADHAの場合ですと「自分は家庭内別居の状態で本当に苦しくてここにきたけれど、中には完全に連絡手段を絶たれている人たちもたくさんいるのを見て、自分にできることはまだあるのかもしれないと思った」という話もよく聞きます。

さまざまな状況・フェーズの人がいる場所では、時にそれが苦しさにつながることもあります。この事例では、まだパートナーとのコミュニケーションができている人を見て、落ち込んでしまう人も出てきます。

自分の精神状態や状況によっては、そこにいるのが辛くなってしまう場所もあることを認めることはとても重要です。どんな関係も、自分にとって苦しい場所であれば、離れてもよい。できる範囲で、関わっていくことが重要です。

でも、自分が普段は人に話していない、隠していたいことについて、ある程度オープンに話せる場所があることはとても安心できることとです。多くのセルフヘルプグループは匿名や仮名での参加もＯＫですし、コロナもあってオンラインの活動も増えているので、どこかに勇気を出して顔を出してみるのもよいでしょう。

実践と修正

●背中を押してくれるコミュニティの存在
●失敗や間違いを認め合う場所の重要性

さて、知識が身についてくるといよいよ「人と生きるための言語化」にチャレンジすることが可能になってきます。人によって身につける知識はさまざまなはずです。ある人は「毒親を持った子ども」のコミュニティで身につけるかもしれないし、逆に「子どもと縁を切られてしまった親のセルフヘルプグループ」かもしれないし、「発達障害当事者が人間関係について考える会」みたいな名前のコミュニティかもしれませんし「オーバードーズをやめたい」とか「アルコール依存症から立ち直る」ための場所かもしれません。自分に合うもの、そして人と一緒に生きていく上で役に立ちそうなものを見つけるまで、あれこれ手を出してみるのがよいと思います。

そこで身につけた知識はある意味でまだ「机上の空論」です。例えば「我慢して我慢していきなりキレてしまう人は、早い段階で、相手に伝えてみるのがいいかも」という知識を得たとしても、そう簡単に取り組めるものではありません。

「どのくらいの不満になったら言っていいのか、言うときにはどんな表現をしたらよいのか」わからなくて、うまくいかないときもあるはずです。でも、大事なことがあります。それは、チャレンジを応援してくれて、失敗したときはその痛みを分かち合ってくれて、うまくいったときには労ってくれるコミュニティであることです。

「いつもは我慢して我慢して最後にぶちまけるようにやってくれないことをまくしたててしまうから、できるだけ早いタイミングでお願いしたいことを伝えようとしたら、言葉がつっかえてしまってうまく話せず、変な空気になってしまった……」と落ち込んだときには「めちゃくちゃわかる……私は自分のお願いを伝えることってすごくわがままなことだと思ってしまってうまく言えなかった時期がすごく長かったけど、そういう感じかな？」と言ってくれるコミュニティ。

「いつもなら怒鳴ってごまかしてる場面で、初めて自分から謝ることができました」と変化を共有したときには「それはすごい！　キレてごまかしちゃうときってあるよね、それができるのはすごく大きな一歩だと思う!!」と認めてくれるコミュニティ。

そんな場所が、人には必要だと思うのです。

知識を得たらもう二度と失敗しない、そんな完全無欠な知識は存在しません。きっと、人は知識をまずは頭で理解して、実際にやってみて、失敗を認めてまた学び直して、そうして少しずつ学んでいくことしかできません。ということは、失敗を前提としないで、学ぶことはとても難しいのです。

実際、孤独になる人は「間違いを認めることができない」人が多いと思います。プライドが高いというと必ずしも悪いことじゃないようですが、その言葉が意味するのは、現実を認めることができず、問題の責任を自分以外になすりつけ、変わろうとしない人です。

「自分は悪くない」「相手がおかしい」「環境のせい」「運が悪かった」「タイミングが微妙だった」そんなふうに、問題を認めないのです。

それをいけないことだとジャッジすることは実に簡単です。でも、そういう人は生まれ育ってきた中で間違いを認めると恥の感情を与えられたり、無能感を与えられたり、傷つけられてきたのかもしれません。間違いを認めることで、何もいいことがなかったのかもしれません。そういう人は間違いを認めること自体が、本当に耐え難いほど苦しいのです。

ですから、知識を持った仲間、その共同体を選ぶときには、その基準として「失敗や間違いが認められる場所かどうか」はとても大切なことになると思います。チャレンジしたこと自体が労われ、うまくいっても失敗してもその感覚、感情や思考を分かち合おうとしてくれる人たちであれば、きっと人と生きるための言語化を進めていくことができると思います。

逆に、どんなに理論が立派で理屈としては納得できても、それがうまくできない人に対して厳しく当たったり、そんなんじゃダメだよと無能感を突き付けてくる場所からは離れたほうがいいでしょう。うまくいかないときは原因を一緒に考えてくれながら、次にもう一度チャレンジする勇気をくれる、そっと背中を押してくれる場所がいいでしょう。

5 信頼の蓄積
●ゼロから信用を培っていく

変容を進める中で、とても大事なことがあります。これまで孤独になる言語化をしてきた人が、急に人と生きるための言語化をしてみても、相手がそれをすぐに信じることは決してできないことです。

これまで、相手が自分に対して文句を言うとすぐに怒っていた人が「これまでの私のよくなかったところがあったら全部教えてほしい。ちゃんとメモして一つひとつ解決していくから」と言っても、相手が信用してくれるとは限りません。

そうしたときに「せっかく私は変わろうとしているのになぜ協力しないんだ！　結局一緒に生きていきたくないってことじゃないか！　頑張ろうとして損した!!」とキレてしまったら、元の木阿弥です。

孤独になる言語化をしてきた人は、自分がそれを積み重ねてきたことによって、これまで作ってきた家は、相手にとって居心地が悪いという事実をよくよく考える必要があります。

変わろうとする側からすれば、今この瞬間から変わればよいと思うかもしれませんが、傷つけられてきた側からすれば長い長い傷つきの蓄積、一緒に生きやすい世界を作ってきてもらえなかった深い絶望や痛みがあり、現在進行形で、そういったプロセスによって作られた関係の中にいることに気づく必要があります。

一朝一夕で作ってきたのではない「相手にとっての居心地が悪い家」が、一朝一夕で「二人にとってよい家」になるわけがありません。その信頼をもう一度積み上げ直していくために、日常的な小さなコミュニケーションから、尊重の言語化や共生の言語化を用いることができるかどうかが大事です。

そういう覚悟を持って少しずつ自分の言動を、これまでしたことのなかったものへと変えていくことをなんとか継続し、最終的に自分にとってよい結果が出てくるまで粘り強く続けていく必要があります。

そこで、仲間に愚痴をこぼしたり、弱音を吐いたりすることがとても大切なのだと思います。一人で学び変わろうとすると、これができないのが大きなリスクです。これまでと違う行動をしたからといって相手が信じてくれるわけではないけれども、自分としては色々変わろうとしているのに、それを認めてもらえないのはとても悲しく、落ち込むことです。その痛みを共有できる人たちがいることは、とても安心できることです。

もっと言うならば、孤独になる言語化が苦手な人は、そもそも自分が困ったり弱音を吐いたり愚痴をこぼしたりすること自体を苦手とする人もいると思います。そういう人にとっては、攻撃や拒絶や他のものへの逃避という形でなく、適切に痛みを痛みのまま共有できるようになること自体が、訓練の一環でもあると思うのです。誰かに助けを求めること、弱音を吐けること、自分の弱さを認めることができること、そういうこと自体が、自分というものをより深く知っていくプロセスです。そういう意味でセルフヘルプグループというのは、孤独になる言語化をしてしまう人にとって、本当に命綱にもなり得る場所なのです。

6

脱皮の痛み
●自分自身と否応なく向き合うことになる
●他者と生きていきたいなら人と生きるための言語化に取り組む以外にない

さらに大事なことがあります。それは、孤独になる言語化をしてきた人の多くが、実際に行動を変えていくと、短期的には自分の居心地が悪くなってしまう問題です。例えば、これまで何かあったらフリーズしてしまう人の場合、少しずつ変わっていくと何が起こるでしょうか。それは、自分にとって苦手な話し合いをしないといけない機会が増えていくことを意味しています。

相手からすれば、今までは話し合おうとすると黙りこくって何も言わなくなってしまうから我慢していたことが、相手が聞いてくれると思うと、どんどん出てくるのです。それは瞬間的には、ものすごく辛いことです。苦手なことに取り組むわけですから自然なことです。

しかし、それが少しずつできるようになり、自分も自分の言葉をちゃんと相手に伝えられることが増えてくると、だんだんと「二人にとって居心地がよい関係」を味わうことができるようになってきます。そうすると「ああ、本当に頑張ってよかった」と思えるようになるわけですが、そこまでが大変です。

ＧＡＤＨＡのプログラムに参加するときに「これは、知りたくないことを知ってしまうかもしれない……」と不安に思う人もいます。これを知ってしまったら、もう元の生活には戻れない、自分が君臨する関係性に戻れないことを本能的に察知し、警戒するのです。自分がやってきたことがまずいことだったと認めるのは、とても苦しく、痛みを伴うことです。

これまで何か関係のつまずきがあったときに、人と生きるための言語化をしてこなかった人たちは、ある意味でずっと負担を押し付けてきたとも言えます。一緒に生きていきたいと思う人と、一緒に生きていける言葉を作るためには、自分のことを深く理解していこうとしないといけないし、相手の感じ考えている世界を知ろうとしていくことも必要です。人が本質的には他人である以上、それはとても大変なことです。

それに取り組む中で疲れてしまったり、自分が無能で恥ずかしいと思ってしまうときもあるはずです。実際、ＧＡＤＨＡのメンバーの中には鬱になってしまう人もいます。自分がこれまで何をしてきたのか、どれだけ人を傷つけてきたのかを理解するとともに、そこから変わることの大変さ、途方もなさを実感するにつれて「いっそ何も知らないままだったらよかった、何もかも人のせいにして生きていた頃のほうが楽だった」と感じることもあるのです。

孤独になる人生を送ってきた人は、さまざまな要因によって「自分はこんなふうにしか生きられない」と思って生きている場合が多いです。そうすると、問題を自分のせいにしなくてすみます。

とりわけＧＡＤＨＡのようなコミュニティで気をつけなければならないことは「自分はこんなふうになりたくてなったわけじゃない！　自分は親からの被害者、学校の、職場からの、文化の被害者なのだ。なんなら被害者パートナーはそんな可哀想な自分の事情を理解して、回復を支援するべき！」と思ってしまうような事態です。

環境のせい、相手のせい、状況のせい、そんなふうに自分の問題じゃないように捉えないと生きていけない環境で育った場合も多いわけですから、そう考えてしまうことは悪いことだ、と簡単に断罪できるものではありません。

たしかに、社会的な構造が原因として孤独になる言語化を身につけてしまった側面は確実にあります。しかし、それは人を傷つけたことを免罪することには全くなりません。それでもなお、誰かと生きていきたいなら、怖くても、恐ろしくても、人と生きるための言語化に取り組んでいくことの他に、できることはないのです。もう関係を終了したいと言って出ていってしまった人とそれをすることはできません。それでも、これから出会う人たちとそういう関係を作っていこうとすることは、どんなときからもできます。

それはとても大変なプロセスですから、そのしんどさを分かち合える仲間がいることはとても大きなことなのです。繰り返しますが「しんどさを分かち合いたい！　そう思える人間になりたい！」と思っていただく必要はありません。「分かち合えると楽になるらしい。どうもそうは思えないけど、ちょっとやってみるか」くらいの精神でいいのです。

そうして可能な範囲で何度か試してみて、自分にとってちょうどいい場所を見つけられ、知識を学んでは実行し、うまくいかなければ相談できる関係を見つけていくことを願っています。

7

自分を慈しむ

●孤独になる人は自分を大切にできない
●自分を慈しむためには身体感覚を大事にする

孤独になる言語化を身につけている人は、自分を慈しみ、労う習慣がほとんどないか、あるいはその方法が未成熟であることが少なくありません。

言語化ができるようになるプロセスには、ストレスのかかることがたくさんあります。そんな中で頑張りすぎてしまうと、どこかで限界がきてスイッチが切れて反動で元の自分に戻ってしまったり、パニックになって周りの関係をいきなり断ち切る言動に出てしまうことがあります。

孤独になる言語化をする人の中には「支配の言語化」によってストレスを解消してきた人がいて、そういう人はそれを手放そうとしているのですから他の手段を身につける必要があります。

また、依存的な方法によって疲れや痛みを麻痺させている場合には、疲れているのにスマホやYouTubeなどを見続けてしまったり、アルコールを大量に摂取してしまって次の日に後悔したり、満腹感がなかなかやってこないので食事やスナック菓子などを食べ続けてしまったり、背徳感を覚えながらもギャンブルや買い物をしすぎたり、マッチングサービスをひたすら使い続けてしまうといった行動を取ります。

健康的なストレス発散やセルフケアじゃないといけないわけではないのですが、上記のセルフケアの中には孤独に向かってしまうものも含まれています。アルコールの飲みすぎが対人関係のトラブルなどに繋がる人もいます。買い物やギャンブルが借金に発展して人間関係のトラブルになる人もいます。夜中に冷蔵庫の中のものを漁って食べ尽くしてしまうことで喧嘩になるケースもあります。筋トレやジョギングのように一見破壊的ではないセルフケアも、強迫的な習慣になることでトラブルに発展することもあります。

そんなふうに、人と生きていけないセルフケアは、結果として自分を孤独にし、最終的にはセルフケアとして機能しなくなってしまいます。そういった不幸な結末を迎えないセルフケアを身につけることなしには、人と生きるための言語化ができるようにはなりません。自分を労り、大切にする力を身につけることが、実は誰かを大切にするためにも必要なのです。

自分を慈しむことができるようになるためには、自分の身体感覚を大切にする必要があります。それが可能となるためにはいくつかの段階があります。

一つ目は、そもそも自分が疲れていたり、休む必要がある状態であることに気づけない段階です。悲しかったり苦しかったりすることもそうですが、人に尊重の言語化をしてもらった経験が少なく、大切にされた経験が少ないので、自分がどういう状態なのかうまくセンシングすることができないのです。

しかし実際に疲れは溜まっていてイライラしたり、些細なことがキツく感じられ、結果として攻撃的になって周りの人を傷つけてしまうこともあります。周りから「最近疲れてるんじゃない?」とか「寝てないからじゃない?」と言われて気づくケースはよくあります。

自分が疲れていること、イライラしていること、そういったことに気づいて適切にセルフケアをしないと、孤独になる言語化へ向かってしまいやすくなるのです。

二つ目の段階は、自分が疲れていることを感じ取れても「この程度のことで疲れるなんてダメだ」「もっと頑張らなくては」「こんなことで疲れただなんて言ったら恥ずかしい」と、自分の身体感覚を頭で否定してしまうものです。

孤独になる言語化をされてきた人は、自分の感覚を否定されて育ってきています。「そんなことはたいしたことじゃない」「もっと頑張れ」「やりきったのか?」「もっとできることがあるだろう」「こっちのほうがもっと辛いんだ」といった言葉が深く信念として刻まれています。そのため、自分の弱さ、苦しさ、辛さ、しんどさ、そういったものを自分が自分に認めることに課題があることも多いのです。

実際「自分を労わろうと思って何か買おうとコンビニに入ったものの、10分も20分も立ち尽くしてしまって、何も買えなかった」とおっしゃる方がいました。自分のためにお金を使うこと、自分を甘やかすことが、悪いことのように感じられて、それをしてはならない、恥ずかしい、といった感覚に襲われたというのです。

続く三つ目の段階が、適切に自分を労われるようになることです。最初に挙げたようにアルコールや買い物、スマホなどで自分の身体感覚を麻痺させたり誤魔化したりするのではない方法で自分を労わることです。

人と会って喋ることやスポーツや筋トレに打ち込むことがストレス発散になる人も

いれば、マインドフルネスや瞑想など一人で外部の刺激から遠ざかることが好きな人、山登りや散歩など落ち着いた環境にアクティブに触れるのが好きな人、読書や美術鑑賞が好きな人、お菓子や料理を作ることで落ち着く人もいます。

どんな方法も、それが却って人間関係を破壊するものでなければ、きっと自分を生きやすくしてくれるはずです。お酒を飲むことでリラックスできる人もいるでしょうが、僕はお酒を飲むとパートナーを傷つけてしまうことが多く「お酒を控えてほしい」と言われてきました。この場合、お酒を飲むことはセルフケアとしては完全に失敗しています。

実は長く「これは自分の人生の唯一の趣味なのに、それを奪うなんて酷い！」と反撃してきたのですが、ここ数年はお酒を全く飲まない生活をしています。それは、パートナーと弱さや不完全さをオープンに分かち合う生活をすること自体が、僕にとっての最高のセルフケアであり、アルコールによって痛みや悲しみを麻痺させる必要がなくなったからだと思っています。

自分を大切にすることは、孤独になる言語化をしてきた人にとって、実は一番大きなハードルなのではないかと思うことがあります。

自分がどんなことを感じ考えているのかをわかろうとし、それを大切にする能力なしに、一体どうやって大切な人の感じ考えていることをわかろうとし、大切にすることができるでしょうか。きっと、それはほとんど不可能なのだと思います。

仮に、それができたとして、どこかで無理をしている限り、自分のことをおざなりにして相手のことを大切にしようとする試みは、いつか必ず破綻します。自らが住むことのできない家を作ることと同じだからです。

8 信念の変容

- 現実世界との関わり方が変わる
- 助けられるばかりでなく、自分からも寄り添うようになる

さて、半信半疑であっても今までの自分とは違う行動をとってみて、何度もトライしているうちに、次第に自分にとってよい結果が出てくることもあるでしょう。

例えば「今まで人の誘いを断ることが苦手で、頑張っていろんな場所に参加しては疲れ切って家に帰り、次第に億劫になって連絡手段をブロックするような形で友人関係を終了してきた自分。意外と遊びの予定を断ってもそれで喧嘩になったり、いきなり嫌われたりしないとわかってきた。昔、そういう経験があったことがずっとトゲになっていたんだと思う。最近は、疲れてるから行けないと言ったら嫌な顔をされたコミュニティから、自分の意思で抜けることもできました。お互いのことを大切にできる場所を、自分も大切にしていきたいと思います」というふうに、劇的に世界との関わり方が変わり、世界を信じることができるようになる人もいます。

とにかく大事なのは、結果なのです。結果が変わらなければ、人は決して新しい考えを採用することはありません。例えばこんなケースを考えてみます。

ある人が、これまで人をあまり信じてこなかったからこそ、できるだけ人の善意を信じてみようと考えていました。そこで友人からお金を貸してほしいと言われてお金を貸した結果、踏み倒されて連絡もつかなくなってしまいました。

こういう経験があれば「やっぱり人を信じると痛い目にあうんだよな」と考えてしまうのはとても自然なことです。信念は変わるけれども、自分にとって望む方向に変わるとは限らないし、人と生きづらいほうに強化されてしまうこともあります。

信念の変容とは具体的にどういうことかと言えば、僕の認識では「世界は最高！　みんな優しい！　言語化をすれば人生ハッピー！」みたいな能天気な感覚とはちょっと違います。本当にそう思えて、それが現実であれば、それほど幸せなこともないとは思うのですが、現実には信用できる人もいれば信用できない人もいます。共生の言語化をしようとこちらが試みても、相手はそれを信じることができず、結果として搾取されたり、裏切られたり、傷つけられてしまうこともあります。

しかし、そういう時に「そのことについて共有することのできる人たち」が一人でも二人でもいる人生になること。これが要するに人と生きることのできる人なのではないかと思います。その一人二人がいない、うまくいかないときに分かち合える人がいない、それが本当に深い絶望、悲しみです。孤独とは、人を殺すほどの毒です。

ただしそんなときに自己憐憫するだけではなく「果たして、自分は誰かにとって分かち合えると思ってもらえる存在なのだろうか？」「自分は誰かのうまくいかなさ、辛さに寄り添うことができているだろうか？」という視点も重要です。

人と生きるための言語化で重要な概念の一つが「相互性」です。どちらかだけが助ける側、支える側、守る側、頼られる側ではなく、支え合い、守り合い、頼り合える関係を作っていくためには、自分から相手を気遣おうとすることがとても大切です。
ただし、特に自分の余裕がない状態ほど、自分から何かすることが難しいことも多いです。このような場面でも、セルフヘルプグループは有用です。困っているからこそ集まってきているのだし、それをみんながわかっているからこそ、まず肩を貸してもらうことがしやすいのです。

相互性の観点からよく話すエピソードがあります。それは、「本当に愛してくれているなら、自分の全てを受け止めてくれるはずだ」という言葉の嘘についてです。その欺瞞は、この言葉を裏返せばすぐわかります。「本当に相手を愛しているなら、自分の全てを受け止められない相手のことも受け止められるはずでは?」と。

そう問われたとき、初めてわかります。その意味では、自分も人を愛していないのだと。そして誰も、その意味で「愛する」ことはできないことを。そして、新しい、人と生きていける「愛する」ことの意味を、作っていく必要があると気づけるはずです。

この壮大な矛盾の正体は「私は受け取る権利があるが、あなたに与える義務はない」という、相互性の欠如なのです。これは孤独になる言語化の極めて本質的な特徴の1つだと思います。裏を返せば、この相互性こそが、人と生きるための言語化の重要な特徴です。

信頼の拡張

- 世界の捉え方が変わる
- 終わらせたほうがよい関係にも気づくようになる

さて、そんなふうに信念が変わっていって、生きやすくなっていく人はたくさんいます。それでもなお、孤独になる言語化に戻ってしまうことは本当によくあります。

第1章に「言語化の限界」として書いたように、誰とでも共生の言語化ができるわけではありません。できない人とは見切りをつけて、関係を終了してよいのです。もちろん、相手から関係を終了されることもあるし、それを止めることはできません。

それと同じことなのです。

その上で、暫定的に、今一緒に生きるための話し合いをすることができていて、お互いが一緒に生きていきたいと思い合えている人たちと関係を作っていくのです。これは家族のような人間関係だけではなく、職場でも、友人関係でも、趣味の仲間であっても、同じことです。

GADHAのメンバーの中でも、少なくない人が養育者との関係や距離を変えています。自分が変わっていく中で親の問題を明確に感じ、今まで愛情だと思っていたものがそう受け取れなくなっていくことがたくさんあるのです。

他にもバラエティ番組が見られなくなってしまう人、ドッキリが見ていられなくなってしまう人、昔は好きだった曲の歌詞が暴力的に思えて苦手になってしまった人など、さまざまな例があります。

これまで自分が孤独になる言語化をしていたから気にならなかったことが、どんどん気になってしまうのです。それほど、社会には暴力的な表現、他者を対等な存在として尊重せず、一方だけが都合よく搾取して成り立っている関係がたくさんあることを思い知ります。

振り返ってみれば、自分もこのような形でたくさんの人から関係を終了されてきたのだろうなと思うのです。自分のような人間と関わる中で傷ついた人たちはたくさんいたはず。その中で、距離を取る際に本当の理由を述べてくれる人など、当たり前ながらほとんどいません。それを伝えて変わってもらいたいとか、変わってもらえるかもしれないという期待や信頼すら作ってこられなかった自分の問題だと思っています。

「世界の全てを手放しに信じることはできない。でも、自分から信じ、相手にも信じてもらえる関係性も存在する。自分から信じる勇気を、その関係の中で育んで、次の関係にまた信じることから始めることができる。裏切られても、その痛みを分かち合ってくれる人たちがいるから」

そんなふうに世界の捉え方が変わったとき、人はものすごく生きやすくなると思います。人と生きるための言語化ができるようになるだけではなく、それができない人との関係を終了してもよいと思えるようになるからです。

関係は終わっていい、という考えは本当に大切です。別れを選ばれる側からすればドライで人情がないように感じるかもしれません。

しかし、いざ自分が人と生きるための言語化ができるようになると、終わらせた方がよい関係にもたくさん気づきます。そのときに、関係を終わらせる自分を許すこと、すなわち自分に対して幸せになっていい、誰かのために無理をしなくていい、それは逃げでも恥ずかしいことでもなく、幸せに向かうことなのだ、と思うことができるために、必須の考え方なのです。

終わりを前提とするときにのみ、私たちはきっと「共に生きる関係」を多様に広げていくことができるはずです。その関係にはさまざまな種類があると思います。家族という形もあるでしょうし、月に一度くらい集まる友人関係かもしれないし、セルフヘルプグループでのイベントをメインとした関わりかもしれません。

居心地のよい家が一つである必要はありません。いくつかの、異なる人たちとつくろげる関係を作ることができればできるほど、どんどん生きやすくなります。なぜなら、完璧な家など存在しないからです。

基本的には穏やかで幸せな関係であっても、時にはいろんな理由で関係がうまくいかないときもあります。パートナーの仕事で大きなトラブルがあって余裕がなくなってしまい、自分が望む話し方ができないときもあるでしょう。「ちょっとゆっくりこのことについて話したいんだけど、時間取れないかな?」と言えばいつもなら時間が取れるのに、それが難しいといった場面です。

こういったときに、信頼・安心できる関係が少ないほど、強いストレスを覚えることになってしまうはずです。そのため「どうして話を聞いてくれないの⁉」と問い詰めてしまったり「俺のことなんてどうでもいいんだね」と罪悪感を煽ろうと、いかにも傷ついた自己憐憫の様子を見せつけることで相手をコントロールしようとしてしまうかもしれません。そういうときにうまくやり過ごす力もまた、人と生きていくためには本当に重要だと思います。

その一つの方法が、自分が自分らしくいられ、相手も相手らしくいられる関係を、できる範囲で広げていくことなのです。この観点からも、セルフヘルプグループや当事者会など、なんらかの仲間の中で、失敗しながら関係を作っていくことが極めて重要だとわかると思います。人は一人ではそう簡単には変われないのです。

⑩

安心な関係

- よい部分で繋がれるようになる
- ライフステージに合わせて「家」づくりのやり方を変えられるようになる

　さて、ここまで進んでくると、孤独になる言語化にはなかなか戻りづらくなったはずです。あるいは、それをしてしまっても、それを認めて学び直すだけの余裕や、それを支援してくれる仲間や知識とアクセス可能になっているはずです。

　多くの場合、人間関係はお互いに惹かれ合うところ、いいなと思う部分があるからこそ始まったはずです。僕は変容を進めていく中で、妻から「大好きな部分が残って、苦手だった部分がものすごく減った」と言ってもらえました。これってすごいことだと思うのです。

　自分のいいところはちゃんと残りながら、そうじゃない部分を変えていけるのです。変わっていくことはとても怖いことです。自分が信じていた基本的な世界が壊れていくことは恐ろしいことです。人間は信じるに足ると信じること自体が、とてもリスクのあることだと感じる人も多いはずです。

信じれば裏切られる、愚痴を吐けば怒られる、弱音を吐けばそれをからかいの材料にされる。そんな世界で生きていた人だとしたら、そうじゃない考え方を持つことは、自分の足元が崩れ去るような恐怖を感じるはずです。しかし、いい部分、愛される部分、愛おしく思われる部分、そんな部分までなくなってしまうわけではありません。相手が大切に思ってくれる自分を残したまま、相手を一緒にいられなくしてしまう自分とは距離を置いていく。そんなことが可能なのです。

ただし、その関係に必要なことがあります。それは、人生が終わるまで「私たちの言葉」は何度も紡ぎ直し続けていくことです。

例えば「相手がどんな仕事を選んでもＯＫ」と思っていた人が、子どもができて自分のキャリアが中断されてしまってからは「このくらいは稼げる仕事をしてほしい」と意見が変わることもあるでしょう。「おしゃれなのがいいよね」と思ってデザインした家が、事故で怪我をしてしまってからすっかり不便になってしまってバリアフリーにリフォームする必要が出てくることもあるでしょう。

そんなふうに、前に言っていたことと、今言っていることが変わっていくことはとても自然なことです。子どもが増えた時や、転職、引っ越し、さまざまなライフステージの変化が起きる時は、とりわけこういった大規模な「私たちの家の組み替え」が必要なことが起きていきます。

これまでは毎日寝る前に一緒にストレッチしてから眠る時間を楽しみにしていた人も、子どもができたらそうはいかず、夜泣きの対応を交互にするようになる人たちもいるでしょう。自分たちにとっての「寝る前の時間の過ごし方」という概念を、新しいものに変えなければならないのです。

特に子どもについては、自分たちの意思によって生み出す新しい命ですから、関係の終了を親からするのはなかなか難しいでしょう。そうすると、子どもを持つ前に「私たちの言葉」がどんなふうに変わっていくのか、事前に相談することが絶対に必要になります。その結果、「子どもは持たないほうがいいかもね」という結論に至ることもあるでしょう。どちらか一方にとってどうしても子どもが欲しいのであれば、その関係は終了したほうがいいケースもあるでしょう。

子育てにおいて初めて相手の知らなかった一面と出合う時もあります。夫婦でいる時には幸せなのに、子どもに対してあまりにもキツく当たるので離婚をするしかない、ということさえあるでしょう。

そんなときに、ここに書いたプロセスをまた一から始める必要があるのかもしれないのです。一度、「私たちの言葉」を作ることができたとしても、それはあくまである状況において、ある人と、特定の形で一緒に生きられるようになっただけだったのです。どんなに素晴らしい家を一緒に作り上げたとしても、それは時間とともに必ずすり減ったり、形が変わったり、今の自分たちにちょうどよいものではなくなっていきます。そのたびに、少しずつ繕って、完璧ではないにしても、一緒に生きやすくし続けていく。この動的な関係を楽しむことこそが、人と生きるための言語化の本質です。

Q

自分は理屈っぽい人間で、普通に話しているつもりが「怖い」「責めている」と言われます。ダラダラとした話を聞き続けるのも苦手で「要点は?」と聞きたくなってしまいます。

A

どんな人も、自分にとって話しやすい話し方、聞きやすい話し方というのがあります。文章で読むほうがスムーズな人もいれば、図やイラストで説明されたほうが頭に入る人、音声で聞くほうが負担が少ない人、さまざまです。

例えば仕事の作業においても最初に全体像を説明してほしい人もいれば、まず目の前のこととその次にやることくらいを教えてもらったほうが動きやすい人がいます。

大事なのは、自分の好みが唯一絶対正しい方法ではないという事実を認めることです。あなたの悩みを言い換えると、「自分の話しやすいように話すと嫌がられる」「相手の話しやすいように話されると辛い」になります。

お互いの得意な情報処理の仕方が「違う」ので、困っていることがわかります。ただし、「違う」のであって「優劣」ではありません。

理屈っぽい人は論理的な話し方のほうが「よい」「正しい」と思いがちですが、正確には「心地よい」が適切な言葉です。特別な努力や追加コストが不要で、楽なのです。

二人の得意な話し方や聞き方が「違う」という視点に立ってみましょう。そのとき、自分にできることは、相手がどんな話し方や聞き方が心地よいのかを知ろうとし、それを尊重することです。できる範囲で自分の話し方を変えてみようとするでしょう。

自分ばかり頑張っていると思うかもしれません。自分と同じように相手にも努力してほしいと思うことは、悲しくて、がっかりすることです。それが辛ければ、距離を取ったり、別れを選ぶことも自然なことです。

「この人の話し方は時々疲れるけど、距離を取るほどじゃないな」と思うことも

Q 自分は理屈っぽい人間で、普通に話しているつもりが「怖い」「責めてる」と言われます。

あるかもしれません。人間、一つや二つ嫌なことがあったからといってそう簡単に別れを選ばないのはなぜか。それは、もう受け取っているものがあるからです。

話し方については相手は譲歩してくれないかもしれないけれど、他のことでは自分を尊重してくれているのかもしれません。自分が好きなことを一緒に楽しんでくれたり、辛いことがあったときに一緒に真剣に考えてくれる人なのかもしれません。

逆も然りです。自分は話し方はなかなか変えられないけれど、他のことなら変えられるかもしれません。相手を大切にできる何かを見つけて、それに取り組むことはできるはずです。

究極的には、話し方それ自体が重要なのではなく「相手が大切にしたいと思うことを大切にしようとすること」と「自分にとって大切にしたいこと、どうしても変えられないことは変えなくてもよいこと」を認めることです。そして、お互いがそれをしていると信じられなければ、別れてよいのです。

終わりに

本書を読んでくださった方々に、心から感謝します。あなたが「孤独になる言語化」をしている人であれば、それを認め、学び変わることができたなら、きっと誰よりもあなた自身が生きやすくなり、そして周りの人を生きやすくすることのできる人になれると信じています。それは何よりもこの本を書いた一番の目的であり、誰よりも僕自身の願いです。

また、「孤独になる言語化」をされて苦しんでいる方もお読みになっているかもしれません。そんな方の中には「私はなぜあんな苦しみを味わわなければならなかったのか」「どうすればあの人は変われるのだろうか」と考えて読まれていた方もいると思います。そんな方々にとって、何か少しでも役に立てば嬉しく思います。

ただし、直接の被害を受けている方は、加害者を変えることよりも、何よりもご自身の感じ考えることを大切にされることを願っています。人は学び変わることができると信じていますが、それは決して簡単な道のりではありません。一人で取り組める人もごく稀だと思います。自分の問題を自覚し、幸せに生きていいと思え、知識を持った仲間にアクセスし、恐れながらも小さく賭けに出てみる。それは幸せに向かう道であっても、険しい道です。その変容を支援する義務も責任も被害者にはありません。誰よりもご自身のことを最優先され、ご自身の幸福のために生きていかれることを心から願っています。

もしもあなたがモラハラ・DVといった言葉を突きつけられた人であれば、どうかGADHA以外も含めてさまざまな団体や活動を検索して参加されてみてください。人は学び変わることができます。それは被害者の方との関係の回復を直接は意味しませんが、ご自身の幸福を意味すると僕は思っています。

また、他のさまざまなラベルと関連した人もいるかもしれません。依存症・アディクション・嗜癖などの用語と関連する人、マルトリートメント・アダルトチャイルド・虐待・愛着障害など親子関係に関わること、発達障害・ASD・ADHDなどの発達特性に関するもの、回避性・自己愛性・境界性などのパーソナリティ／人格障害と呼ばれるもの、セクハラ・パワハラ・フキハラ（不機嫌ハラスメント）などのハラスメント、明確な診断や評価を受けているわけではなくとも、ちょっとそういう要素が自分の中にもあるなあと思う人も多いかもしれません。

そういったラベルについて触れるときに、お伝えしたいことがあります。それは「そのラベルを、自分を生きやすくするために使ってほしい」ということです。どんなラベルも「あなたは○○だから、ダメ」とか「あなたは○○だから人と生きていかないほうがいい」と言われることがあるかもしれません。

でも、それらのラベルは「自分はこういうところがあるんだな、逆に言うと仲間がたくさんいるってことだな」と、「知識を持った仲間」と出会うためのチャンスに変えられます。自分を否定し、苦しめるのではなく、自分を理解し、生きやすくするために、使うことができます。

本書を読まれている方の中にはまた、自分が被害者でもあり加害者でもある、と感じている人も多いのではないでしょうか。被害と加害は世代を超えて連鎖しますし、ある場面や関係においては被害者に、違う場面では加害者に、ということもあるでしょう。自分はどっちなんだろう、と悩むことが意味を持つときもあると思いますが、僕はそう悩む方にいつも同じことを伝えています。それは「自他へのケアを始めましょう。あるいは、関係を終了しましょう」ということです。

そして、関係を終了しないのであれば、やはりケアを始めるしかないのです。それは相手のためになることをするばかりではなく、セルフケアも含めてのことです。外部に助けを求めることなのかもしれないし、勇気を出して愚痴をこぼしてみることかもしれません。それがなんなのかは状況によって違いますが、どんな人もケアを始めることができると思います。それは究極的には、幸福を目指すことだと思います。

実際、GADHAで最初は自分自身を加害者だと思っていた女性が、理論を学んでいく中で「自分も相手も加害者であり被害者でもあったと今は思う。自分は変わることでケアを始めたけど、相手はそうはならなかった。だから、お別れすることにした」という話もあります。

そんなふうに、ここで書いた内容は加害者であっても被害者であっても、役に立つと信じています。

誰もが不完全だから、人を傷つけてしまうことはあります。だからこそ学び合い、ケアし合える関係を生きようと願うことができると信じています。

そんな人がたくさん増えて、人と生きることのできる優しい言葉が波紋のように広がっていき、一人でも多くの方が生きやすく、安心してくつろぐことのできる社会になることを願って、本書の終わりとします。

２０２３年３月吉日　中川　瑛

中川　瑛

DV・モラハラなど、人を傷つけておきながら自分は悪くないと考える「悪意のない加害者」の変容を目指すコミュニティ「GADHA」代表。自身もDV・モラハラ加害を行い、妻と離婚の危機を迎えた経験を持つ。加害者としての自覚を持ってカウンセリングを受け、自身もさまざまな関連知識を学習し、妻との気遣いあえる関係を再構築した。現在はそこで得られた知識を加害者変容理論としてまとめ、多くの加害者に届け、被害者が減ることを目指し活動中。
ウェブサイト：https://www.gadha.jp/
ツイッター：@EiNaka_GADHA

ＤＴＰ制作　中村理恵（BEAM）
図版　松崎芳則

孤独になることば、人と生きることば

発行日　2023年3月31日　初版第1刷発行

著者　中川　瑛
発行者　小池英彦
発行　株式会社扶桑社
〒105-8070
東京都港区芝浦1-1-1　浜松町ビルディング10階
電話　03-6368-8875（編集）
03-6368-8891（郵便室）
www.fusosha.co.jp

印刷・製本　中央精版印刷株式会社

Printed in Japan
ISBN 978-4-594-09331-0